成長心態
Growth Mindset Practice
成長心態的培養與日常應用

劉遠章、張瑋珮、謝家淇 著

劉遠章 插圖

序

三年前，我們懷着一點點信念和少許的經驗，膽粗粗向一個從來未合作過的基金會提出在香港成立首間正向品格教育館的資助計劃。意料之外，不單是基金會和我們一拍即合，而且承諾長期支持，2018 年由陳廷驊基金會支持的「SOWGOOD！正向品格教育館」就正式成立了！

本書的三位作者 John、Theresa 和家淇都是正向館的開荒農夫。在過去兩年，他們服務了過百間幼稚園、小學，以及數以千計學生的同時，竟然能抽出時間整理正向教育路上的思考和心得，我實在既佩服，又感恩。

畢竟社會服務界裏，願意付出的佔大部分，但願意和能夠整理經驗的，實在鳳毛麟角。尤其正向品格教育在香港正處於實驗的階段，究竟在本土的處境裏，如何不「離地」、不「高大空」，能真正啓發孩子的正向品格呢？希望我們這些小種子，也在你的腦海、你的生活裏慢慢孕育，結出屬於你獨特的正向品格果籽。

張達昌先生
聖雅各福群會副總幹事

目錄

上篇

第一章

無助的孩子

1.1 無助的大象

你看過大象表演嗎？你知道馴獸師是如何馴服一頭大象的嗎？

在大象觀光表演團裏，一頭龐然大象被人用一根幼小的麻繩纏著頸項，馴獸師只用一條小木條輕拍牠的身體，牠便做出一個個高難度的動作，精彩萬分。大象在無需表演的時候，便靜靜的站在一個比牠身軀細小得多的繩圈內，乖乖的被遊客撫摸拍照，任由遊客在背上攀爬，完全不會反抗，甚至連不喜悅的微反應都沒有，牠被馴服得像小貓咪一樣。

為什麼大象會如此馴服？以牠這樣巨大的身軀和體力，只要輕輕擺動身體便可以把纏在頸項上那根麻繩弄斷，而拍打在牠身上的那技指揮棒，則恐怕連搔癢也算不上，為什麼大象會如此懼怕？為什麼它不會反抗？為什麼連踏出繩圈半步的勇氣也沒有？

美國《國家地理雜誌》（National Geographic）記者走訪泰國的動物園和大象訓練營，並於 2019 年 5 月發佈一輯名為《Inside the Dark World of Captive Wildlife Tourism》的紀錄片，

揭露野生動物旅遊業背後的黑暗。當遊客開開心心觀看動物表演時,在戲幕的後面是充滿鮮血和眼淚的殘酷畫面。

　　原來大象是需要從小開始訓練,小象要乖乖地站立在細小的圈內,不得反抗,象伕用末端有尖刺的鐵鈎毆打牠的頭部、耳朵等較敏感脆弱的位置,更用一根粗大的鐵鏈緊鎖住頸項,只要稍為搖動頸項便痛楚不堪;一條粗大無比的巨棒指揮著牠,稍不服從便狠狠吃一記無情的木棍,牠嘗試過掙扎、甚至反抗逃走,換來的只是更淒慘的毒打、監禁和捱餓,無論做什麼都是逃避不了折磨,久而久之,知道即使如何反抗都是沒用的,牠學會了逆來順受,乖乖的接受指令。

　　小象知道反抗是無用的,牠變得無望、無助和無力,除了聽從命令外,沒有其他選項。牠就是在這種「三無」的困窘中成長,長大之後,即使有能力反抗,仍舊任由別人虐待,這痛楚的感覺縈繞一生,「沒用的,算了吧!任由馴獸師安排吧!」。

1.2 憂鬱的小狗

正向心理學的始創者，著名心理學家 Martin Seligman 在 70 年代是研究抑鬱症成因的權威，他領導的小組提出了習得性無助 （Learned helplessness） 的實驗和理論，這是研究抑鬱症成因的先驅實驗，實驗的設計是這樣的：

研究人員把小狗分為三組，分別放在三組不同的籠子裏。

- 第一組：是實驗組，不會受到任何電擊；

- 第二組：訊號音效開動，狗隻受到電擊，小狗會瘋狂的掙扎，四處逃跑，在籠內前方圍欄上的板面有一個停止裝置，只要碰觸到這裝置電擊就立刻停止；

- 第三組：訊號音效開啟，狗隻同樣受到電擊，但無論牠們如何掙扎叫囂，無論做什麼，電擊都不會停止。

在實驗結束，經過六十多次電擊後觀察，三組小狗的反應分別如下：

- 第一組的狗當然沒有特別異樣。

- 第二組的狗出現極度疲倦，什麼都不願做，情緒低

落、失眠、沒胃口等症狀，但卻在短期內迅速復原，與正常的小狗無異。

- 第三組的狗則長期持續出現消沉抑鬱的症狀，包括：恐懼、焦慮、被動、什麼都不願做、情緒低落、失眠、沒胃口、持續沮喪、極端疲倦……情況就類似人類的憂鬱症。奇怪的是，小狗被電擊數次之後，只要開啟訊號燈，即使是沒有受到電擊，也同樣出現上述消沉抑鬱的負面反應。

研究員作出了跟進觀察，把小狗放在安裝有穿梭箱的籠子內，穿梭箱中間有一個隔板，小狗可以輕易透過隔板逃走到安全地方。研究員再次對小狗進行電擊：第一和二組的狗感到痛楚後，立刻走出籠子逃到安全地方；第三組的小狗則完全沒有想過可以逃跑，甚至連逃走的動機都沒有，仍是呆在籠子裏沒有反抗，好像完全放棄似的，出現了無望、無助及無力的現象，任由電擊。

這是一個令人相當震撼的實驗，原來「無助」是學習得來的，當心理上認為自己處於無法控制的環境，無論做什麼都是沒有用，都是受同樣的苦，就會產生消極無助的反應，甚至完全放棄，其生理及心理表徵與人類的抑鬱症狀一模一樣，當完全放棄的念頭去到極點時，就是放棄生命。Martin

Seligman 更指出,大約有 80% 的自殺者是受到嚴重抑鬱的困擾[1]。抑鬱病患者會表現得被動,猶豫不決,對任何事情都好像失去興趣,生活上無法着手做任何事情,當遇到挫折時會極度沮喪,會輕易放棄,甚至會出現自殺行爲。

1   Seligman, Peterson and Maier, 1993, ＂Learned Helplessness - A Theory for the Age of Personal Control＂. Oxford University Press, Inc. pp 195-197.

1.3 絕望的孩子

如果上述小狗的電擊實驗應用在活生生的小孩子身上，會有什麼效果？

1975 年，Seligman 和日本籍心理學家 Donald Hiroto 將實驗應用在人的身上，當然，他們不會把人鎖在籠子裏任由電擊。實驗的設計是這樣的，把學生隨機分成三組：

- 第一組，學生被安排在一間小房子裏，要求學生完成一個組合模型，房內播出令人煩憂的雜音，不過當他們完成了組合模型時，噪音就會自動關掉；

- 第二組，也要求學生完成一個組合模型，房內播出令人煩憂的雜音，不同的是，無論學生完成組合模型與否，無論學生表現得如何煩躁甚至投訴，雜音也不會停止；

- 第三組是對照組，沒有任何雜聲訊號。

接下來第二回合，讓學生進入另一個新的環境，同樣有雜音的干擾，他們可以選擇繼續或者退出。第一組的同學知道，只要把組合模型完成，雜音就會停止，所以他們

願意繼續玩，並且挑戰更高難度的模型組合；但是第二組學生就拒絕再玩，主動放棄，他們認為無論他們怎樣做也不會改變事實[2]，情況就如「習得性無助」的小狗一模一樣。

人和動物一樣，當持續不斷地遭受挫折，不斷遭到電擊，卻又感覺無能爲力，無法控制，喪失信心時，容易陷入一種無望無助的心理狀態。雖然在現代文明社會，兒童普遍受到良好照顧，在父母呵護的環境中成長，基本上沒有太多機會直接接觸到嚴重的災難，但實驗證明，當人發現自己無論如何努力，無論怎麼做，都會失敗告終，他就會覺得自己控制不了整個局面，例如：

- 無論我多盡力，都不可能完成功課，都是不合格！
- 無論我如何用功，都達不到老師的要求！
- 所有人都排擠我、針對我！
- 無論我如何努力，媽媽都是不滿意，總是對我打罵！
- 無論我的表現如何好，都無法阻止爸爸媽媽分開！
- 是我不好，爸爸媽媽永遠都在發脾氣！
- 是我不乖，爸爸媽媽要離婚了！
- 是我蠢，無論我做什麼總是讓大家不開心！
- 無論如何……總之……無論如何都改變不了……！

2 Seligman, Martin 著，洪莉 譯（2012）《邁向完滿》，遠流出版公司，pp. 258-259.

都因爲我無法控制，我無能爲力，於是鬥志也隨之喪失，會放棄所有努力，絕望和意志消沉，陷入無望、無助和無力的艱困之中。

在課室裏，學生表面上是懶散、怠慢、不交作業、精神潰散，做什麼都沒有動力似的，一般人可能覺得這些孩子缺乏學習動機，是懶得無可救藥，以爲是學習遲緩或者智商有問題，但實際上並不是這樣，他們可能已是陷入「習得性無助」的困境當中。

1.4 都是心態惹的禍

終於輪到本書的主角 Carol Dweck 教授出場了，她是史丹福大學的心理學教授，也是研究成長心態的始創者，當代心理學界殿堂級人物，當 Martin Seligman 發表「習得性無助」研究時，她還是個心理學系的博士研究生，她被這個實驗深深吸引，但心裏面卻存有一連串的疑問 [3]：

- 為什麼在同一處境下，當遭遇到相同的困境，對差不多智商的人來說，有人沒有出現無助感，能堅持到底；但有人卻受到困擾中途放棄，有些人更深陷無助感的泥沼之中而無法自拔？

- 為什麼有些人因為自己悲慘的遭遇而意志消沉，但另外的人卻能健康成長？

- 在同等智商的小朋友中，為什麼有人能發展出樂觀的性格，但有人卻悲觀絕望？

- 無助是因為受盡挫敗之後的結果，還是個人的核心信念所至？

3　安琪拉 • 達克沃斯 著，洪慧芳譯，2016《恆毅力 Grit》天下雜誌出版，229 頁。

Carol Dweck 把這些一連串的問題，帶進自己博士研究的領域，她開始與學校、老師和心理學家教授們合作進行一連串調查研究，當學生遇到困難情境而感到「無助」時，在心裏是如何歸因自己的成功與失敗？是自己的天賦不足，還是後天的努力不夠所至？

她的初步結論是，悲觀的孩子不單只是因為連續的失敗經驗所造成，而是他們的核心信念亦扮演了非常重要的角色，每一個人的腦中都有一套世界觀，作為審視自己成功與否的基礎，關鍵的原因是，當悲劇或者失敗的事情發生了，我到底有沒有能力可以控制，如果判定了自己是沒有控制的能力，便會容易產生無助感。Carol Dweck 補充，「習得性無助」通常在以下三個要素都齊備之下，最容易出現[4]：

1. 當面臨失敗時，自覺無助者偏向放棄；
2. 把失敗歸因於個人的責任，是因為那些我無法控制的原因，所以我失敗；
3. 當責任確定時，失敗都是因為沒有足夠才智和能力，而能力這東西是先天已經決定了，我無法控制。

換言之，出現「習得性無助」的人認為自己對事情的結果是無能為力的，而這往往是因為先天的因素，例如智商、能力、家庭背景等等自己無法改變也不可能去扭轉的處境，

4　Burhans and Dweck. 1995, "Helplessness in Early Childhood: The Role of Contingent Worth", Child Development. Vol. 66, No. 6（Dec., 1995）, pp. 1719-1738

因爲我沒有先天優勢，無論我做什麼都是無用的，此種長期消極的歸因心態是固定不變的，這也是日後人格成長的重大阻力。

隨後的 30 多年，Carol Dweck 在這個領域上進行了大量的研究，成果豐碩，她認爲成功與失敗很大程度上都是取決於心態（Mindset）。

第二章
聰明反被聰明誤

定型心態　　　　　　　　　　　成長心態

2.1 什麼是心態？

我們可以把英文 Mindset 這個字拆開為兩部分，mind（心中的想法）是名詞，set（設定）是動詞，兩個英文單字合併就是 Mindset，可以解作為：想法（Mind）是已經被設定了（Set），所以是指「被設定了的想法」。想法一旦被設定了，你的思想、信念和期望都成為了你觀看世界的鏡頭，你用它來認知周遭事物的基本假設，你是通過它來感知世界，你觀察事物的角度、體驗和視野都有所不同，對事物的觀念和想法當然亦有所分別，結果也當然不一樣[5]。

心態形成想法，想法決定行動，行動帶來不同的結果，所以，怎麼樣的結果絕對是取決於你有什麼心態，同時也決定了你是一個怎樣的人。

Carol Dweck 在她的暢銷書《心態致勝》（Mindset）中表示，成功與失敗的學生最大的分別是取決於他們的心態。她認為心態基本上可以分為兩大類型[6]：

5　Oppong Thomas（2017）"The Mindset Advantage - How Your Mental Frame Affects Your Behavior and Performance". https://medium.com/the-mission/the-mindset-advantage-how-your-mental-frame-affects-your-behavior-and-performance-1b08aa4c2d97

6　Dweck Carol,（2017）"Mindset — Changing the Way You Think to Fulfil Your Potential"（Updated Edition）. Robinson House.

1. 定型心態（Fixed Mindset）

定型心態的人相信，能力、智商和性格都是天賦的，是已經被定了格，不會有太大變化的，自己的聰明才智、控制周遭環境的能力、社交能力等都是固定而且很難改變的。假如我天生是天才，能力自然很高，很卓越；但相反，如果天生是個庸才，最多都只是平庸的成就，無論你如何努力，都是無法改變這個庸碌的宿命。

2. 成長心態（Growth Mindset）

抱有成長心態的人相信，成功不一定是由上天注定，能力和智慧是可以經後天培養的，失敗與挫折只是人生路上的片段及經歷而已，失敗並不代表自己愚蠢，就算是天才也得經歷一番努力才能成功。才能是可以經由鍛鍊改變，挫折只是挑戰，只有盡一切努力才有可能成功。

心態持續影響生活的各個範疇。具有定型心態的人畏懼失敗，無法面對困難挑戰，他們往往迴避困難，因此失去不少學習的機會，從而限制自己的發展；具有成長心態的人則剛好相反，他們相信自己具備學習能力，可以從挫折中學習，不會在困難面前退縮，對他而言，失敗也許是另一種機會，相信最終是可以獲得成功的。

　　心態決定看法，導引出不同的行動，不同的行動達成不同的結果，而結果又會增強了心態，循環不息，形成難以改變的習慣。

　　當某學生的「心態」認為自己的智力、能力及性格是天生不變的，他的「想法」就是：假如天生的「自己」是天才的話，我就是天才，如果天生的「自己」是蠢材的話，那就只會是蠢材，是無論如何努力都是改變不了的；當面對困難及挫敗時，他的「做法」就是容易放棄，「結果」就是中途放棄，或者感到動彈不得無法成功。

很多人有着不少牢固的信念，他們總是認爲：

- 老年人的學習機能已退化，我已經不年輕了，所以不可能學得懂。
- 我是一個數學白癡，不可能考上這間大學！
- 我沒有藝術天分，我學不到繪畫。
- 我比別人笨，沒有辦法的，我就是辦不到。
- 因為我不夠聰明，所以我徹底失敗了。
- 英文太難了，我學不懂。

當遭遇挫折不如意的事時，心態會在你的背後作祟，控制你的想法，決定你的做法。更重要的是，當這個想法經過多次的循環驗證，就成爲了習慣，要改變一個習慣是相當困難的。

持定型心態信念的人，在行爲上很多時都採取放棄的態度，結果就是一事無成；但相反，持成長心態的人視失敗爲學習的經驗，相信自己能夠進步，而進步的方法是透過努力，或是用心地思考策略去解決問題，一個人的聰明是看他能採用多少努力及策略，令自己的能力得以提昇。他們敢於接受挑戰，而且屢敗屢戰，跌倒了爬起來拍拍身上的塵埃，再接再厲。爲什麼持不同心態的人會有那麼大分別？

2.2 聰明反被聰明誤

請閱讀以下兩句說話，看看有什麼不同？

「你一定是很聰明！」

（You must be smart at this.）

「你一定很努力的完成！」

（You must have worked really hard.）

這兩句都是讚美的說話，你認為有什麼分別？你覺得哪一句較能幫助孩子成長？

這兩條問題是 Carol Dweck 和另一位史丹福大學學者 Claudia Mueller 的研究材料，兩句話看來很相似，但其實內裏大有學問。1998 年，他們訪問了約四百位小學生，給他們進行能力測試 [7]，然後把他們隨機分為兩組，一組稱讚他們的天分：「你一定是很有天分！」，我們稱之為聰明組；另一組稱讚他們的努力：「你一定很用心的完成！」，我們稱之為努力組。

第一輪測試完畢之後，進行第二輪測試，學生可以自由選擇不同難度的題目，研究員告訴他們，這些問題是相當高難度的，但完成之後定必會有很大的得著和成長。結

7　Dweck Carol and Mueller Claudia.（1998）"Praise for Intelligence Can Undermine Children's Motivation and Performance"．Journal of Personality and Social Psychology. American Psychological Association, Inc. Vol. 75, No. 1, 33-52.

果發現，努力組 92% 的學童約選擇挑戰較高難度的試題，聰明組的孩子卻有 67% 選擇較容易的試題，令研究員相當意外。

接下來是第三輪更高難求的題目，聰明組的學童大感挫敗，很多都寧願放棄，但是努力組卻仍然可以保持很高的動機去作答。最後，給他們最後一輪測試，但這次測試是跟第一輪一樣容易，結果更加出乎意料，努力組成績有超過 30% 的進步，而聰明組的成績卻有 20% 的退步，即是比聰明組第一次測驗更差。

兩組學生的智力水平和背景相同，為何有如此明顯的差別？ Carol Dweck 解釋，分別在於他們認為聰明與否大都是天生的。

對聰明組來說，成功的關鍵是聰明，但卻是他們無法控制的，而且聰明往往代表價值，如果應付不到更難的挑戰，不就是證明自己不夠聰明，沒有價值？為了保護自尊，放棄往往是很保險的選項。

相反，努力組認為智力和能力是可以改變的，即是自己可以控制的，成功的關鍵是學習，而學習是可以經後天栽培和發展的，努力這東西是彈性的，例如，今次測驗用了一小時來預備，但成績欠佳，下次可以拉長至兩小時預備，成績

有機會改善，努力組的同學是有更大的發揮空間[8]。兩組的同學分別用不同的心態來看自己，結果自然截然不同了。

研究的結論是：

聰明組的同學是傾向固定心態，認爲他們是靠天分才能取得好成績，但這是他們無法控制和改變的；而努力組經則傾向是成長心態。這兩種心態信念的差別會對個人的自我發展，以及面對困難及挫折時的應對方法，有着非常大的分別和影響。當大家在同一水平時，優勝劣敗是取決於心態，心態是致勝的關鍵[9]。

兩組的行爲比較：

聰明組	努力組
1. 聰明是與自尊掛勾，證明自己有價值，但聰明與否不是自己能夠控制的；	1. 努力這概念較有彈性，是可以控制的，而且與自尊沒有太大掛勾；
2. 較重視結果，重視形象 look good ；	2. 較重視過程，專注進步；
3. 怕犯錯，因爲別人會覺得自己不夠聰明，所以害怕挑戰；	3. 犯錯並不可怕，犯錯反映出需要更努力些；
4. 選擇較容易的挑戰；	4. 選擇較難的挑戰；
	5. 因爲失敗是學習的一部分，所以不懼怕失敗；

8　Dweck Carol,（2012）."Mindset, Changing the Way You Think to Fulfil Your Potential". Updated edition, Robinson., pp. 16-17.

9　同上。

聰明組	努力組
5. 容易感到挫敗；	6. 不容易放棄；
6. 寧願放棄；	7. 成績明顯進步。
7. 成績明顯退步。	

兒子獲派名校，家長大宴親朋

報載，香港一位女士因為兒子獲派第一志願的小學，入讀九龍塘一所傳統名校，她十分開心，向記者說要延開十席慶祝。她為了讓孩子能夠升讀心儀的學校，除了幾個月前搬到這個校網居住，每月也花費過萬元幫兒子補習。

兒子入了名校當然一件值得慶祝的事，但請想像一下，當親朋戚友光臨飲宴時，小小主角被團團包圍祝賀，掌聲讚美之聲不絕，你猜小主角在想什麼？他今天之所以得到父母親友的祝福，「今天的成就，都是因為這所名校。」這榮耀已與尊嚴價值掛鈎，但這一切，完全不是他小小年紀可以控制的。

當孩子無論做什麼都得到不成比例的讚美時，他可能區分不出真正的成功和真心被讚美的喜悅[10]。當日後這位小朋友在這名校學習時，他會把自我價值和學校名聲掛

10　Seligman, Martin 著，洪蘭 譯，2020，《真實的快樂》（第三版），遠流出版社，第 340 頁

了鉤，當成績好時，自我價值高；但當表現不濟，得不到認同和讚賞時，而當其他小朋友表現比他更出色優秀，奪去他的掌聲時，他的自我價值會變得低落，這是培育定型思維的溫牀。

2.3 如何得知你是什麼心態？

　　如何從人的外顯行為得知他採用定型心態還是成長心態？這是一個非常有趣和實用的問題，所謂「語言是思想的載體」，心態影響語言，一個人怎樣說話，或多或少都反映了他心底裏的思想，特別是當遇到困難、挫敗或者是緊急事故時，他們習慣了的語句反應該是以下的：

心態	行為	外顯的說話語句
定型心態	- 能力不能改變，無法控制； - 較重視結果； - 害怕犯錯； - 害怕挑戰； - 感到挫折； - 放棄。	- 我就是不懂。 - 我放棄了。 - 我的能力達不到，只有放棄了。 - 我犯了錯誤。 - 我無能為力。 - 這已經達到我的極限了。 - 沒辦法了，我就是不如她。 - 我的能力只能做這麼多，這件事這樣就足夠完美了。 - 我不擅長這個。 - 我做不了這些。 - 我真失敗！ - 我試過了，但是不行。

成長心態的培養與日常應用

心態	行為	外顯的說話語句
成長心態	- 能力可以改變和控制； - 較重視過程，專注進步； - 犯錯並不可怕； - 敢於接受挑戰； - 失敗是學習過程的一部分 - 不容易放棄。	- 我可以學習。 - 我得試試我學過的（別的）方法。 - 這方法不行，換個其他方法就好了。 - 犯錯能讓我知那裏需要改進。 - 也許再努力一些，我就能再提高多一點兒。 - 凡事總有可能。 - 她比我強，我可以學習她的方法。 - 我還要看看這件事有什麼可以改善的，只要不斷嘗試和努力，肯定還能再提高。 - 我正在練習這個。 - 我現在做不好，但是我會愈來愈擅長的。 - 我這一次不行，下一次會做得更好。

　　當對面挑戰困難和挫敗時，即使難題是不容易解決，擁有成長心態的人相信可以改變，這信念與真實世界是吻合的，他們能以較具彈性的心態去面對挫折與困擾，愈是有彈性，就愈容易找到解決的方法，對未來更抱有希望。

2.4 心態不同，命運改寫

　　Carol Dweck 說：「基因影響我們的聰明才智與天賦，但影響一個人成功與否的特質，卻並非在出生時就固定。心態才是影響個人學習、成長、人際關係、終身成就、人生道路的最重要關鍵[11]。」

　　Dweck 的團隊做了另一項實驗，找來一群孩子玩拼圖，觀察他們的行為和情緒反應。拼圖開始時較為簡單，後來複雜及難度愈來愈高。有些孩子開始不耐煩，覺得不好玩，堅持要放棄，甚至鬧情緒把拼圖推倒在地上。其實，在設計實驗時，孩子面對困難時會有不同的反應，這是意料中事，但沒想到她們心目中的「聰明孩子」，當面對困難時，會這麼快就選擇放棄；但卻有一些孩子在經歷幾個回合之後，仍然樂此不疲，還興奮地高喊：「我喜歡這個挑戰！」另一些孩子更表示他們期待這個拼圖，覺得很有意思[12]。心態不同，命運也可能因此而改寫，以下是幾種情景，不同心態的人會彰顯出不同的行為和世界觀：

11　蔡國光 （2018）「成功的鑰匙：成長心態與學習策略」，灼見名家。https://www.master-insight.com/%E6%88%90%E5%8A%9F%E7%9A%84%E9%91%B0%E5%8C%99%EF%BC%9A%E6%88%90%E9%95%B7%E5%BF%83%E6%85%8B%E8%88%87%E5%AD%B8%E7%BF%92%E7%AD%96%E7%95%A5/
12　Dweck Carol, 2017, "Mindset — Changing the Way You Think to Fulfil Your Potential". Robinson. pp. 3-9.

2.4.1 當面對挑戰的時候

定型心態：

定型心態的人會不斷以成功了的事來評價自己，證明自己的價值。挑戰是危險的，因為意味着有機會失敗，令人難以接受：「你看，你是多麼的笨透！」為了避免冒上讓自己丟臉的風險，最佳的方法是逃避挑戰，守在自己的舒適區，依舊做自己足以勝任的事，選擇做較容易做的事，**躲**在這領域裏是最安全不過的，他們會很容易放棄，因為放棄似乎是風險較低、較安全的選擇。

持定型的人認為，整個世界就是由一連串的測驗和考試所組成，目的是考驗自己的智商和能力是否合格，合格了就證明自己有價值，他們往往提心吊膽害怕失敗，擔心自己看起來不那麼聰明，很是愚笨，所以拒絕接受挑戰，不敢直接面對困難，潛力受到限制，很難發展出來。

成長心態：

持成長心態的人不怕挑戰，因為挑戰是過程的一部分，是無可避免的，但挑戰是學習的機會，學習的機會是充滿挑戰的，即使是失敗也沒有什麼大不了。接受挑戰必須接受風險，如果風險是合理的話，也是不妨一試。他們知道，挑戰可以讓他們學習更多，所以他們願意冒險。在不斷接受挑戰的過程中，成長心態者不斷積累知識，不懼困難，不斷進取。經歷愈多，學得亦愈多，不斷自我提昇。

2.4.2 當需要努力的時候

定型心態：

持定型心態的人覺得，努力是辛苦的和不愉快的事，而且不一定會有收穫，如果要經過如此艱苦的歷程，弄得滿身汗水才能成功，這只是證明自己是天生沒有足夠的知識、技能或智慧，為了要證明自己是天生有能力的，他們會儘量減少努力，或者不要讓人看見自己不夠聰明。

成長心態：

持成長心態的人相信，要把潛力轉化成能力，唯一的方法就是依靠努力，通過努力學習來培養這些能力，是成功必要條件。因為潛能這東西是非常不固定的，唯一可以做的是依靠後天努力，才能把它彰顯出來，發展能力的唯一方法就是努力學習，只有努力學習才可以掌握生活的技能和擴展智慧，努力是達致成功的必經之路。

2.4.3 當看到他人成功的時候

定型心態：

　　定型心態的人視其他人的成功爲威脅，或者是顯得自己不夠聰明，天生的條件沒有他人那麼好。這些人會自我解說——他們的成功是因爲運氣好，世上很多事情都和運氣有關。他們甚至會把別人的成功看成討厭的事，甚至，會從心底裏妒忌或貶低對方。這種自我防衛的機制使他們不會去理性分析別人成功的眞正原因，因而限制了自己的視野與及改進的機會。

成長心態：

　　他們認爲世界並不是「零和遊戲」，別人的成功並代表是自己的失敗，別人的成功是不會讓自己有所損失的。相反，人家的成功也可以是學習的機會，對方可以做得到的事，必定有他們獨特的方法和技巧，我亦可以學習他們的方法，模仿他們成功的模式，從其他人身上得到啓發和刺激，從而找到適合自己的成功方程式，最終我也可以同樣成功。成長心態的人能享受他人的成功，分享對方努力的成果，成爲自己向前的動力。

2.4.4 當遇到阻礙的時候

定型心態：

當遇到障礙或困難時，往往會在未用盡方法策略之前就放棄，他們把失敗歸因於外在的因素，總之錯不在我。他們不肯面對障礙，因為這反映了他們的愚蠢和無能，威脅到他們的自我價值和自尊心。他們的人生可能一直都是順風順水，但於遇到挫折障礙後，便認定自己「江郎才盡」，決定停止發展，轉而投向做一些較容易的，或者做一些自我感覺良好的事情。他們往往高估甚至誇張地認為失敗會帶來災難性後果，失敗變得分外可怕，因此對自己的能力和智慧失去信心，從而為退出和放棄提出了更加振振有詞的理據。

成長心態：

即使在面臨許多障礙或困難時，持成長心態的人都不容易放棄。當遇到困難障礙，也許是所用的方法出了問題，可以嘗試用其他方法，畢竟，成功的路有很多，此路不通，可以改道而行。

他們將障礙視為成功路上的一種挑戰，他們願意挖掘新的道路，嘗試新的事物，努力工作，不斷嘗試堅持下去。他們在面對失敗時會加倍努力，這只是學習的機會而已。因此，他們不會害怕障礙，期待下次發生故障時可以做得更好。

2.4.5. 當被別人批評的時候

定型心態：

視別人的批評是對自己的否定，因爲無論他們的評價如何，都不容易改變，與其任由批評，不如設法逃避或者及時放棄。

成長心態：

別人的批評是對我表現的一種回饋，不一定是負面的，更加不一定是否定或者攻擊，這些意見可以是日後改進的指標。

2.5 心態決定命運

　　持定型心態的人在遇到挫折及困難時，容易出現揮之不去的感傷，會不由自主的勾起以往負面的遭遇和情緒，再印證了他自己根本就是沒有能力，或是沒有天生優秀的特質，而且這是不能改變的，覺得自己是「注定如此」，只能認命。當他們遇到困境時，總覺得這不是我的責任，是其他人不好，是他們不對，沒有辦法解決了，改變是不可能的。正正是因爲無法控制，我是受控於人，我已經盡了力，我無能爲力，這心態導致他們的人生處處受限，動彈不得。

　　相反，當面對困難和挫敗時，對持有成長心態的人來說，即使難題沒法改變，但卻可以改變自己對這事件的看法，使信念與眞實世界更加吻合。例如把「逃避挑戰」、「害怕變化」的事改變成爲「歡迎挑戰」或者「擁抱變化」，把「無能爲力」改爲「凡事皆有可能」，以彈性的心態去面對人生種種的挫折與困擾。愈是有彈性的事，就愈容易找到解決方法，對未來亦會相對更有希望，這亦更加符合眞實的世界。

歸納以上的描述，兩種心態在面對各種情境時，可以簡列爲以下圖表：

定型心態	成長心態
避免挑戰	歡迎挑戰
害怕變化	擁抱變化
視野局限	尋找機會
無能爲力	凡事皆有可能
不接受批評	珍視回饋、從中學習
喜歡呆在舒適區中	喜歡探索新事物
失敗是可怕的	失敗都是一堂課

身體殘障無阻發光發熱

巴基斯坦電視節目主持人 Muniba Marzari，被英國 BBC 選爲「2015 年年度全球百大最有影響力的女性」，同爲一位歌手、畫家、演講家，她魅力不凡，艷光四射。在她的節目中，她訪問了很多遭遇劫難而又重新站起來，堅強生活下去的人，包括 2014 年在巴基斯坦白沙瓦（Peshawar）市恐怖襲擊中劫後餘生的學童，當時有逾 125 名學童無辜死亡。Marzari 勉勵他們要建立人生目標，堅強地生活下去，感染了世界千萬觀衆[13]。

13　https://www.youtube.com/watch?v=LIF5BnugxYM

18 歲那年，Marzari 被父親安排她嫁給一個從未相愛過的男人，20 歲那年，因爲嚴重交通意外脊髓折斷，醫生告訴她下半生都要在輪椅上渡過，更大打擊是，她以後都無法生育小孩。她與丈夫離婚了，對於這一位在傳統守舊社會生活的女性來說，接二連三的不幸，比被判死刑更難受，她沮喪、傷心、失落，覺得自己完全沒有存在價值，但是痛苦沮喪失落過後，她決定重新生活，上天奪去她的雙腿，但卻留下一把美妙的聲音，一口溫軟的說話言詞，她決定投考電視台，成爲節目主持，她的故事和節目，感動了萬千受挫敗沮喪的人，使他們可以重新站起來，而且站得更穩更堅強。

　　她勉勵大家不要抱怨，因爲生命是一場考驗，你不能阻止任何事情發生，你能做的只是迎接它，「當你接受自己的樣子，世界就認可你。」

第三章
玻璃心是如何形成的

實驗證明，學生只要知道：「當動動腦筋時，腦細胞就會被激活，人就會變得聰明。」就只是這簡單的訊息，他們的學業成績就會明顯改進。

「完美是至善的敵人（Perfect is the enemy of good）。」
——伏爾泰

「基因影響我們的聰明才智與天賦，但影響一個人成功與否的特質，卻並非在出生時就決定了，心態才是關鍵。」——Carol Dweck

17 世紀英國詩人 Samuel Johnson 曾經寫過：「當一個人知道自己兩星期之後將會被處死，精神絕對可以非常專注。」這句話的意思是當災難降臨，你才會認真地正視問題，然後重新了解自己，否則以後的日子都是混混噩噩的過。

3.1 被蠶食了的成長心態

在 2013 年，美國有一項關於學童學習心態的研究，發現在幼稚園階段，兒童幾乎 100% 是成長心態的，但當他們到小學一年級的時候，成長和定型心態的比例就變成 90% 和 10%；二年級是 82% 和 18%；三年級的時候更加跌至差不多只剩一半，定型心態的比例增加，成長心態就不斷被侵蝕，到中學時就更是所剩無幾 [14]。

---

14 Lee and Ricci, （2016） "Mindsets for Parents, Strategies to Encourages Growth Mindsets in Kids". Prufrock Press Inc. Waco. Texas. P11.

年級	定型心態	成長心態
幼稚園	/	100%
小學一年級	10%	90%
小學二年級	18%	82%
小學三年級	42%	58%

在幼稚園時，學生絕大部分都是擁有成長心態的，定型心態的只是絕少數，但當他們漸漸成長之後，他們的成長心態會被侵蝕退卻，而定型心態成爲了主要的心態，他們會相信自己的才能、智力、天分是固定的，不可以改變的，於是會設法保護自己的自尊和心靈，開始害怕挑戰，逃避失敗，不敢冒險，不願意學習新的事物，往往在困難面前低頭，他們的心理狀態變得愈來愈脆弱。這研究只能反映美國社會的情況，相信在華人社會，成長心態退化的情況會更加嚴重。

華人社會非常重視下一代的教育，但往往是以考試成績來斷定孩子的成就，每一個人的前途彷彿是由考試的成績來決定。在過分強調考試的制度下，每一班只有一個成功者（考第一），其餘的都自覺是失敗者，但今天的成功又無法保證下一次能繼續，在這優勝劣敗的壓力下，學校是培育失敗者而非學習者的園地。

學生需要不停地接受測試和評核，家長有不能輸在起跑線的心態，刻意催谷小朋友應試。而踏入高小和中學時期，這種應試的氣氛及文化更甚，尤其高中時學生需要考大學入學試，壓力大得令人喘不過氣來。我們的教育制度已經失衡，強調以評估來測量學生的能力和成績表現。學生認為社會所關心的，只有他們的考試表現和他們有多聰明，學生的學習心態是要滿足別人的評估，而不是他們的個人成長和需要[15]。

於是，學生把自己是否「聰明」直接與考試的成績掛勾。但這是不能控制的，無論如何努力也抵不過比他更聰明的敵人，努力是得不到認同的，於是就很容易產生固化的思維。低年級時，尚會覺得困難的事情只要肯努力，都有可能做得到，但隨着課程愈艱辛，考試的壓力愈沉重，他們的成長心態就會漸漸磨平，會慢慢認為自己的能力是無法改變的，他們會用最簡單的讀書表現去判斷自己，看自己考得好還是不好，又或是看家長對自己的評價及各種比較，例如：

「考試失敗了，我是個失敗者！」

「我是不行的就是不行，這是改變不到的事實，我真的沒有辦法。」

「你看其他同學有多聰明！」

「如果我是聰明的話，我就不會天天苦讀還是不懂！」

「我是天才就是天才，我不是天才就永不會是。」

15　趙志裕，（2017）「幸福教育系列講座 - 怎樣成為十項全能才子？」，http://www.ednovationfest.hk/2017/06/17/%E3%80%8C%E5%B9%B8%E7%A6%8F%E6%95%99%E8%82%B2%E3%80%8D%E7%B3%BB%E5%88%97%E8%AC%9B%E5%BA%A7/

他們會透過這些外來的信息去判斷自己能力的高低，學業成績變成與學生的自尊心和自我價值緊綁在一起，考試勝利自尊心就會很高，否則就會覺得自己毫無價值。

當認為自己的能力很高時，他們的自尊心和自信心就會好強，一但出錯了，不就代表他不聰明，不就代表他蠢了嗎？於是，在學習上便不敢進行一些有挑戰性的學習，怕會自暴其短。當發現自己無法完成某樣有難度的挑戰時，便會認為自己的能力達到了極限。於是，為了保護自己的自尊心，變得不願嘗試，他們的心態就變得只要困難就不去做不去學，只做容易的去表現自己聰明，就會變成「玻璃心」（Self-esteem bubble），這是一種虛假的自尊心。

他們會花很多時間去保護這個自尊泡沫，讓它不爆破，一旦泡沫爆破，他們的情緒就會變得很差，自尊心低沉。長期自尊心低未必會有很大的精神健康問題，然而，對於一些有才華，一直都是順風順水的人來說，一旦遇到挫折，便認定自己已經是江郎才盡，發展停滯，變得容易放棄，甚至一蹶不振，或者轉而做一些較容易的事，讓自我感覺能夠好受一些，於是限制了自己的發展，成就有限。

3.2 大學生自殺事件簿

在 2018 年 10 月，在國內網頁流傳了一篇名為《中國留學生自殺頻發，家長正能量壓垮孩子？》的文章[16]，指出中國有超過三十萬學生在美國留學，當中絕大部分不是高考成績卓越的學霸，就是很有家底的官二代和富二代，是萬人艷羨的天之驕子。但這群年輕精英的自殺案件頻生，自殺方式不是投河就是跳軌，有一位女生更用了三天的時間來自殺，以確保無法被搶救。

耶魯大學的數據顯示，45% 的中國留學生有抑鬱症狀，29% 有焦慮症狀；多倫多大學的中國學生有一半都感到抑鬱孤單，不少更萌生自殺的念頭。這現象令人痛惜，更多是難以理解。

一名留學生這樣説：「我剛想和我媽説，如果我一事無成，灰溜溜地跑回國，怎麼辦？她就發來微信：寶貝你真棒，街坊鄰居都羨慕我培養出讀藤校的孩子。每次視頻，父母説的都是好好學習，不要想家，你是我們的驕傲⋯⋯之類的話，實在沒法跟他們傾訴實情。」

16　「中國留學生自殺頻發 家長正能量壓垮孩子？」2018，騰訊網，https://new.qq.com/omn/20181015/20181015A1WFTL.html。

文章又指出，由於文化衝擊、語言障礙、學習挑戰、社交困難等問題，出現失眠、焦慮、恐懼、絕望等症狀的留學生不在少數。而那句「我需要幫助」卻說不出口。很多家長對此毫不知情，仍然沉浸在「我家孩子很優秀，我家孩子很出息，我家孩子讀名校」的誇耀中。

　　中國家庭非常重視學業，讀書並不單單只是彰顯個人的成就，更加是讓家族揚眉吐氣、光宗耀祖的大事。在如此壓力之下，學習問題往往是焦慮和抑鬱主要來源，再加上中國社會輕視心理和情緒問題，個人感受和福祉經常被蔑視，個人的教育往往背負着包括父母、老師、家族、祖先等人的期望和犧牲[17]，學習變成了沉重而艱鉅的任務，但自己卻無力控制，不被壓力迫死才怪！華人的傳統教育觀念，往往是定型心態的溫牀。

17　孫天倫，2017「從中國人的學習文化和心理看香港高等教育國際化」，《香港教師中心學報》，第十六卷，香港教師中心

3.3 小鴨子症候群──
美國學霸的崎嶇人生

不要以為大學尖子的自毀現象只發生在華人社會，在美國名牌大學生同樣受到受精神困擾，而且情況非常普遍。

最新修訂的 Diagnostic and Statistical Manual of Mental Disorders（DSM-5）靜悄悄地出現了一種新的症狀，名為「小鴨子症候群」（Duck Syndrome）[18]。症狀包括：極端重視形象、好勝心強、得失心重、完美主義、隱藏真情、害怕失敗、容易逞強，思考上鑽牛角尖，習慣報喜不報憂，但覺得活着是十分辛苦和困擾的事，形成嚴重的心理問題。

很奇怪，這症狀最早出現於美國頂尖的史丹福大學，後來在其他優秀大學如哈佛、耶魯、加州大學等也陸續出現，似乎，名牌大學生也未必一定是人生勝利組。

為什麼稱為「小鴨子症候群」？你見過小鴨子在湖面游泳嗎？你只看到牠優雅閒靜自由自在地游泳，卻看不到在水底下用雙腳拼命地不斷往前撥，這是表面優雅，但內裏卻忙亂不堪的情況，正如中國人所謂的「表面風光」。

能夠考入如史丹福大學這些頂尖大學的學生，絕對是

18　Langlois, Carol,（2016）"Teens & the Duck Syndrome." Psychcentral. https://psychcentral.com/blog/teens-the-duck-syndrome/

世界級的尖子，他們很多都相信自己是天生聰明優秀，不用太努力就能夠戰勝對手贏得成就。那麼，不能讓別人看到自己拼命努力的一面，一旦被人發現要拼命撥水才能往前進，這表示自己是不夠聰明和優秀，是多麼糟糕！

他們表面上只讓別人看到自己自信聰明有才華的一面，假裝自己過得很好，不用溫習就可以取得好成績，但內心充滿焦慮、憂鬱，一旦失手就滿心挫敗、自我懷疑。他們深信成功就是以最優秀成績畢業，同時必須使別人認為自己毫不費力就能夠追求成功，把失敗的一面盡量隱藏，不能讓別人看到他們成功背後的辛酸。

它之所以成為精神科的症狀，是因為他們往往感到極大壓力，但卻不尋求協助，長期處於焦慮恐懼的狀態，以至身心都是動彈不得，憂鬱寡歡，他們只是表面風光，內心卻是痛苦不安 [19]。

這是典型的定型心態，相信成功是因為天生聰穎，不是靠後天努力，努力是辛苦又不愉快的，也不一定會有收穫。如果要經過艱苦努力，拼得滿身汗水才能成功，這只是證明自己沒有足夠的才華、技能或智慧，為了要證明自己是有能力的，盡量回避挑戰和失敗，他們的意志容易消沉，造成心理傷害。

19 Beaton Caroline, （2017） "Millennial Duck Syndrome, the Faked-Success Cycle That Hurts Everyone". Psychology Today. https://www.psychologytoday.com/us/blog/the-gen-y-guide/201705/millennial-duck-syndrome

定型心態的人會花很多時間去保護自己脆弱的自尊心，不讓它爆破。他們視失敗為對自尊心的挑戰。為成功而雀躍，為失敗而情緒低落。成功了會認為自己站在世界的頂峯，失敗了就跌到世界的最低點，心理上長期處於恐懼、焦慮和不安之中 [20]。

20 Burkeman Oliver（2011）"Help! How to Become Slightly Happier and Get a Bit More Done." Vintage. pp 14-15.

3.4 玻璃心破碎時——
悲慘的人生劇本

玻璃心是指虛假的榮辱和自尊，是超級容易破碎的。生命中的輕微起跌，所造成的落差是難以承受的，即使能夠承受得來，壓力依然是很大的。定型心態的人在遇到挫折時，會不由自主地勾起負面的遭遇和情緒，又再印證了自己根本就是沒有能力，或是沒有天分，而且這是不能改變的，覺得自己是「注定如此」，不可能改變，天生如此，只能認命。

不少進了名牌大學，能擠身頂尖大學的，都是世界級的尖子，他們中學時都是非常優秀的學生，自尊心很高，但到了大學後，彷彿所有尖子都在自己的課室中，他們變成了大池裏的小魚，這樣的自尊心落差是非常難受的。虛假的自尊心一旦遇到挫折，就會出現激烈的情緒反應，尊嚴價值跌到低點，甚至會有自殺的念頭[21]！曾經有學校社工對筆者說，優秀學校的學生自殺的風險更高，這可能是虛假自尊心作祟。

總括而言，定型心態者有着以下 5 種生命劇本，導致他們的人生處處受限，動彈不得：

1. 悲慘的事發生了，因為是我不好，但我無能為力！
2. 事情都已經發生了，但我沒有辦法解決，這是不可能

<hr />

21　趙志裕，（2002）"受挫有輕生危機 - 專家呼籲勿催谷，初中男生易生「泡沫自尊」"蘋果日報。

改變的！

3. 我的感覺和想法一定是錯的，放棄也許是無可奈何的選擇！

4. 事情是我無法控制，我是受控於人，已經盡了力，你教我如何應付呀！

5. 我無法改變命運。

3.5 情緒反芻

　　一個人如果持成長心態，其實對很多方面，包括心理健康、情緒健康、生命意義或是學習動力都能給予正面的看法。在二十年前開始已經有很多數據顯示固定心態的人患上抑鬱症的機會較高，自殺或是想自殺的機會亦比較大。

　　當然，並非所有定型心態的人都會產生抑鬱危機甚至自殺的念頭，而是當他們遇到挫折時，就會傾向消極，容易出現情緒反芻（Rumination）現象。一旦受過傷害，負面的情緒就揮不去的，難以控制，每當想起負面的事，便會勾起一連串負面情緒，然後再印證自己是沒有能力，沒有好的素質去改變厄運，正因爲這是不能改變的，於是，更加陷入消沉的狀態，注定如此，只能「認命」，悲觀反應不斷循環。

　　一些定型心態的人當遇到有挑戰性的工作時，會特別焦慮及緊張，原因是他們認爲考試的成績能夠斷定他是什麼人。所以，他們的壓力特別大，可能關乎到精神健康的問題。

　　相反，擁有成長心態的人，當他們遇到挫折時雖然亦會失望，但對他們來說，這些失望和失意其實是一種啓示，提醒他們需要反思，可能以往的方法不是最好的，是無法解決現時所面對的難題，所以他們需要探索一些新的方法。只要

他願意嘗試找出及想出其他更新更好的方法，那麼這些難題就自然能迎刃而解。

當他們成功解決難題時，就會變得自信，而這種自信就不再是「泡沫」了，這些自信建基於他自身的信念：「我是有能力克服和處理困難的」。

久而久之，他們不介意遇上挫折，挫敗只是讓他們知道：「我還未做到，只是暫時而已，我需要思考一下，找出更好的方法，有什麼方法可以提升自己，超越自己？」如此，生活的意義也會更大。所謂的生活意義，其實是看到自己就算處於一潭死水，還是能每天學習新的事物，比昨天變得更好。

3.6 心理適應機制

　　人生不如意事十常八九，失戀了、關係破裂了、失業了、破產了、患病了、至親去世了、甚至是一切世間的不幸都好像一夜之間來到……人生總是有起有落，當災禍發生在自己身上時，眼前總是黑漆漆的，意志容易一沉不起。

　　哈佛大學學者 George Vaillant 是研究心理適應機制的專家，他的理論和 Carol Dweck 有很多相似之處。他花了三十多年的時間，研究爲什麼哈佛大學的畢業生有的很成功，但有的卻一敗塗地。他的結論是，這與人們的心理防禦機制（Psychological coping mechanism）有着密切的關係。

　　Vaillant 曾經領導一項名爲 Grand Study 的追蹤研究，由上世紀三十年代開始，在哈佛大學選出了二百六十八名高材生，研究他們認爲「什麼是美好的人生？」（What makes a good life ?），這群哈佛學生全都是當時的社會精英，平均智商是 130 分，家庭背景不錯，大好前途，是人人羨慕的人生勝利組。

　　研究歷時七十五年，他們經歷了二戰、經濟蕭條、經濟復甦、金融海嘯、結婚離婚，有的成爲專業人士，有的當選議員甚至總統，有的事業失敗一蹶不振，有的東山再起，有

的成為酒鬼，有的患了精神病，有的順利退休安度晚年，有人自毀健康⋯⋯即使最聰明的人也難逃劫難。

每一個人面對災難處境時都會有不同的反應，有些人從此一蹶不振，但有些人卻咬緊牙關勇敢前進，他稱之為「適應能力」，那適應能力從何而來呢？基本上有以下三個來源[22]：

1. 外在的支持：包括人脈關係、社交網絡、社區的支援，如果一個人買了足夠的保險，有充滿愛的家庭，了解及善用社區資源，是較容易闖過難關。

2. 個人心理資源：聰明才智、教育、財政狀況、相關個人因素。

3. 心理適應機制：可以分為兩大類，神經性適應（Neurotic coping）與及成熟的適應（Mature coping）。

當不幸被解僱了，有人會選擇封閉自己，不願承認，亦不肯面對問題，把挫折遷怒家人朋友，認為是他們連累了自己。我失敗了，我無能為力，或終日借酒消愁⋯⋯這是神經性抵抗，又稱為退化性抵禦（Regressive Coping），簡單的說，就是不用腦，沒有理性和心思熟慮，這與固定心態的反應非常相似。但另一方面，有人選擇較理性的去思考問題

22　Vaillant, George 著，許怡寧 譯，2018「哈佛教你幸福一輩子」天下文化 .448-451 頁。

出在哪裏，如何面對這突如其來的挑戰，如何重新定義自己的能力，找到一個可以更加發揮自己的地方，這是成熟的適應。

Vaillant 形容成熟的適應是有三大特質，分別是：

1. 有清晰目標及自我承諾

2. 控制感

3. 樂於接受挑戰的態度

擁有此三大特質的人心理上更為強韌，不易被逆境所打倒，因而更容易成功，結論是：「人生成功與否，都是心態使焉。」，這與 Carol Dweck 的學說不謀而合。

3.7 成功與否，心態使焉

　　年輕的美國心理學者 Jessica Schleider 及 John Weisz 等的研究發現，擁有定型心態的人較易患上焦慮、沮喪、抑鬱及攻擊性等症狀。研究針對出現焦慮症狀的學生，他們在進行藥物治療的同時，開辦一些關於成長心態的課程，甚至只是網上課程，在很短時間內，他們的焦慮症狀大為改善 [23]，情況令人鼓舞，研究發現，幫助學生發展成長心態，在治療及預防情緒疾病上，有非常明顯的效果 [24]。

　　研究亦發現，接近一半學生在青春期發育期間，其心態和焦慮及抑鬱之間有着非常密切的聯繫，愈是定型心態的學生，陷於情緒疾病的機會就愈大。相反，具成長心態的學生出現焦慮，沮喪或偏執症的機會則較低。

　　原因是不難理解的，因為定型心態的人相信自己能力受到先天的限制，缺乏彈性，自己可以做到的東西很少，這是無法改變的事實，容易陷入負面情緒的循環陷阱，自尊心亦隨之而下降，孕育出無助、無望和無力的應對模式，最終導致心理健康問題 [25]。

　　培育成長心態是提高適應力和心理健康的重要工具，可以提高學習動機，增強社交行為和幫助管理焦慮和抑鬱症狀，

23　Schroder and Busch, "Is Growth Mindset the Answer to Student's Mental Health Problem?" https://edcentral.uk/edblog/expert-insight/growth-mindset-students-mental-health-learning.

24　Schroder, Callahan, Gornik, Moser. 2019 "The Fixed Mindset of Anxiety Predicts Future Distress: A Longitudinal Study". Elsevier, ScienceDirect

25　Chambliss, Gow and Damato, 2018 "Links Between Depression and Fixed Versus Growth Mindsets", Clinical Research in Psychology. Vol1, Issue2.

以及提高自尊心。當然，成長心態絕非萬應靈丹，也不能直接用來治病，但證據顯示，它能產生心理的免疫能力，在輔助治療方面能夠發揮到很大的作用，畢竟，心病還須心藥醫。

改變心態的六種方法

任何時候我們都有兩個選項：往前走再試一次，或者放棄。

成長心態的培養與日常應用

幾乎每位小學生都知道，地球是自轉並且繞太陽公轉，但你有所不知的是，自有文明以來，人們都相信太陽以至所有星系，都是圍繞地球轉動，地球才是宇宙的中心，這是著名的「地心說」這種想法持續了幾千年，即使是古希臘時代最有智慧的大思想家亞里斯多德都深信不疑。

直到 16 世紀，才出現一位敢於提出異議的哥白尼，他進行了大量天文觀察，提出了是地球圍繞太陽公轉的理論，但隨即引發軒然大波，受到來自教廷及各方面的攻擊和迫害，哥白尼鬱鬱而終。再要等到差不多兩百年後，另一位天文學家伽利略利用當時最新發明的遠程望遠鏡，對奧妙的宇宙進行了前所未有的觀察研究，證實了哥白尼的學說是對的。之後，再經過無數科學家的驗證，太陽中心說理論才被廣泛接受。

今天連小學生都明白的道理，其實是經歷了幾千年的爭論和驗證，才可以讓世人完全相信。可想而知，要改變人的信念和心態其實是相當艱鉅的工程。如何可以把定型心態轉化為成長心態？這絕對是說來容易，但實踐起來相當困難的事。

本章我們提出六個方法，包括：（1.）調節心態（2.）友善用腦（3.）擁抱失敗（4.）活用讚美（5.）語言轉化（6.）持之以恆。這六種方法組成一個大圓環，沒有先後次序之分，

沒有一項是開始，也沒有一項是終結，互爲因果，互相影響，互相強化。只要運用得宜，是可以讓成長心態循序漸進，日漸成長。

改變心態的六種方法

這 6 種方法以輪狀呈現，因爲它們是不分先後，沒有哪一個比另一個重要，而是環環相扣，互爲影響，互相增強。

方法 1. 調節心態——
動動腦筋，我都做得到

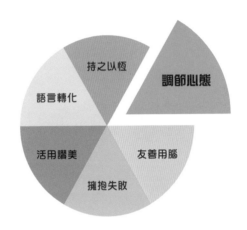

的士司機的神奇大腦

　　的士（計程車）司機是很厲害的，當你要到某某地方時，他們的腦內好像裝置了一個超級導航地圖似的，即時知道哪一條是最快最短的路線，可以順利把你送到目的地，到底他們是如何做到的呢？

　　倫敦大學心理學家 Eleanor Maguire 用了十年時間研究的士司機的腦構造和記憶力，倫敦市內道路像八陣圖，非常複雜。的士司機要牢記住所有路線是一件非常困難的事，

往往需要幾年時間才可以考取到執照。她的團隊追蹤了七十九位的士受訓學員及三十一位一般駕駛者。

研究員將他們分成三組，分別是：
1. 四十一位成功考獲執照者
2. 三十八位受訓但考不到執照者
3. 三十一位一般的駕駛者

經過四年的追蹤發現，考獲執照的司機腦中負責處理記憶資訊的海馬體（Hippocampus）後部的灰質（Grey matter）神經細胞，比考不到執照的司機多，這個區域的體積增大了；而考不到執照的又比一般駕駛者大。顯然，從生理學上檢測，大腦出現了驚人的變化，腦部結構會受到認路經驗影響而變得發達，記憶力被訓練得更好[26]。經過嚴格訓練和每天不停的應用，成年人的腦是可以發展的，而且可愈發發達。

其後，Maguire 也進行另一項相似的實驗，這次是比較的士司機和巴士司機的大腦。結果顯示，的士司機的大腦處理記憶資訊的區域比巴士司機發達[27]。原因是不難理解的，巴士一般都是行走固定路線，變化遠較的士少，沒有像的士司機一樣，每天要面對完全不同的路線和路面狀況，變化萬千，司機的腦袋因而需要不停的轉動。

26 Maguire, Gadian, and Johnsrude.（2000）. "Navigation-related structural change in the hippocampi of taxi drivers." Proc Natl Acad Sci U S A. 2000 Apr 11;97（8）:4398-403.

27 Maguire and Woollett. 2006, "London taxi drivers and bus drivers: a structural MRI and neuropsychological analysis.". US National Library of Medicine National Institutes of Health, Hippocampus. 16（12）:1091-101.

大腦和身體一樣有驚人的適應力，即使是成年人的腦袋，亦可以因爲密集的訓練而改變和成長，也會因應環境而調整，對於上了年紀而又需要學習新事物的你來說，是否一個很好的消息？

直接教導，重新認識腦的法則

身爲家長或者老師，你可以直接教導孩子，無論他們認爲自己的智力或能力處於什麼程度，透過方法與努力就可以超越自己，每個人都有發展、成長，以及在任何特定領域成功的潛力。

你可以用簡單的方法，直接教導孩子關於腦袋的三個基本常識：

1. 大腦是非常有彈性的，可塑性極強，像肌肉一樣，愈練習得多就愈強壯，腦細胞的連結會愈多愈緊密，人就愈聰明；

2. 人的才華是可以開發的，大腦經過學習和努力鍛鍊之後，就能開發和得到新的能力，所以「潛能無限」這四個字並非虛言；

3. 樂於接受挑戰，不要害怕犯錯，「挑戰」和「犯錯」是刺激腦部學習的有效方法，願意付出努力，多用

腦思考，你的腦袋是會給你合理回報的，你會學習到更多。

如果想自己有更大的成長，牢記以上三點，腦袋會開發得更多，你必成長更多。

如何改變不可改變的想法？

小朋友每天都接收父母批評，判斷他有多聰明，父母將他拿來和其他小朋友比較，看誰更聰明，於是小朋友便會認為聰不聰明是天生的，自己是無能為力，不可更變的。同樣地，假如老師在教學過程中著重判斷學生的能力有多高，學習有多快，以此衡量學生的成就，那學生就相對地更認同能力的重要，但他們卻是難以改變的。這些後天的經驗對心態的影響是不可忽視的。

例如，家長常常罵孩子：

你永遠都這麼蠢！
你這個人就是不小心，總是答錯題目！
教了你那麼多次，你總是不會回答！
你根本就是沒用心學習！
你要我講解多少次才會明白？
沒有人像你這樣愚蠢！

真沒用！

你令我太失望了，我以後都不會管你！

爸爸媽媽都不接受你！

當家長、老師與及其他長輩用「永遠……」、「從不……」、「以後……」、「總是……」、「所有……」等兩極化的字眼來指責、訓導孩子，或者形容孩子正在面對的狀況和厄運時，孩子會簡單直接地聯想到他們犯的過錯、厄運、挫敗和能力等等都是不可以控制的，也是難以改變的。孩子很容易會把問題和厄運都歸因於自己的個性、特質和天資所引起，是自己沒才能、無用、不夠好、外貌不夠吸引，因此結論是：「我是一個笨蛋」、「我很壞」、「我很差勁」、「我改不了」、「都是放棄算了。」

無法控制的想法：

「永遠」、「從不」、「總是」、「以後」、「總之」、「所有」、「從來」、「絕對」、「無論我說多少次，你總是不改！」、「永遠沒有人會和我做朋友。」、「你是世界上脾氣最壞的人。」、「老師都討厭我，以後都不理我。」、「所有人都看不起我。」

如何不更改原意的情況下，把不可改變的想法轉化為可以改變？以下是一些例子：

不能改變的想法	可以改變的想法	真實的世界
我是一個失敗者。	我這次表現不好。	這次表現欠佳並不代表以後所有表現都是差勁的。
我的英文爛透了。	我今次英文考試不合格。	英文考試不合格不代表是爛透，總是可以改善的。
我從來沒有一件事是順順利利的。	這件事並不太順利。	關鍵在於「從來」，這不合乎現實世界，人生中總有順利和不順利的經歷吧。
所有老師都對我不公平。	陳老師處理這事不公平。	只是一位老師對你欠公平，在眾多老師中，總會有個別人士對你公平的。
他們全部都是壞人。	他做了壞事。	這是以偏概全，一個人做了壞事，就概括為全部都是壞人，這是不現實的。

不能改變的想法	可以改變的想法	真實的世界
我笨手笨腳。	我的游泳技術很差。	在一項運動中表現欠佳,不代表整個身體都是笨拙的。

　　語言對兒童的心態構成深遠的影響,潛而默化下,會不知不覺間學會「無助」(Learn helplessness),因爲難題被解釋爲不由自己控制,是不能改變的,解困與厄運是自己無法控制,也是不可以改變的。

研究發現,經過嚴格訓練和不停的應用,的士司機的大腦發育比巴士司機和普通車輪司機更大更快。

方法 2. 友善用腦——
大腦像肌肉，需要不斷鍛鍊

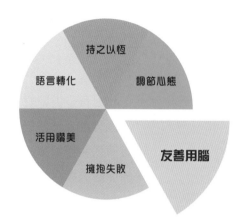

大腦不是靜態固化不變的器官，它具有極大的可塑性，像肌肉一樣是可以鍛鍊的，而且愈常鍛鍊，就會變得愈強壯，每當我們有新的經驗，學習新事物時，大腦裏的神經元會不斷擴展，形成新的連結，網絡結構也會愈來愈密，會愈來愈聰明，我們的能力也會隨之提升[28]。

筆者讀書的時代，心理學教科書告知你一個沮喪的消息：當成年後，你的腦細胞是不會再增加的，即是說你聰明與否，已經是注定了。

28　Dreck Carol,（2017）"Mindset, Changing the Way You Think to Fulfil Your Potential". Updated Edition. Robinson. pp. 231-233.

好消息是：上文提到的士司機的大腦實驗，證明了人的腦神經細胞是不斷更新成長；另外，有科學家在老鼠大腦中發現幹細胞仍然可以不斷分裂，突破了腦細胞不能再生的教條。到了 90 年代，科學家又發現大腦原來是可以互補的，當某個部位受到損害，其他部位會補位，接手已受傷部位的工作。

腦袋最神奇的秘密不在於它有多少細胞，而在於有多大連結（Connection）。每一個神經元細胞的兩端長出樹幹狀的樹突 （Dendrite），負責傳遞和接收訊息，這連結形成複雜無比的神經網絡，連結的網絡愈多愈複雜，大腦就會更加聰明和敏捷。

腦神經細胞有極大可塑性，它像肌肉一樣，愈練習得多，就愈結實發達和敏捷靈活。當科學家對腦的研究愈多，愈發現它是異常神奇，遠超想像，大腦原來有以下幾個特徵和法則：

1. 「有腦不用，過期作廢」法則──鳴禽鳥的求偶飲歌

上天是很節儉的，祂賜予給你的東西，如果你不珍惜，不好好運用，祂是會回收的，我們的腦就是最好的例子，如果你不用，它在這方面的功能就會失掉，不用就會枯萎。

人的大腦只佔人體重量的 2%，卻消耗接近 20% 的能量，在物競天擇、適者生存的大自然裏，這是成本很昂貴，非常不划算的設計。所以絕對不會浪費珍貴的空間去供養冗員，大腦的每一吋空間都各司其職，沒有一吋空間是多餘的。

鳥類學家 Fernarclo Nottebohm 發現，鳴禽鳥在春天求偶時，它們大腦會長出新的神經元來唱歌，吸引異性，但到了秋天，由於生育季節過去了，已經不再需要唱歌了，神經元就會萎縮，等待來年再重新長出來[29]。

原來，當大腦察覺到某一個功能的使命完結，是會把這部分的功能收回，以騰出空間來發展其他業務。如果你不好好善用，當使用時間一過是會收回的，過期作廢。這樣的例子多不勝數。你有沒有發現，當成年後才開始學習英語，說話時總會帶有一點口音的，而兒童自小在外國長大，他們的英語是可以不帶口音的。原來嬰兒在出生後的五至六年，天生有強烈學習語言的能力，但如果過期仍不有效運用，大腦就會回收這能力，以騰出空間學習其他東西。

這種「有腦不用，過期作廢」的設計是演化的結果，讓大腦有效運用空間，可以學習更多，更具成本效益；但壞處是，假如我們停止使用，是會日漸忘記怎麼去運作，被其他功能取代。

29　Karen Hopkin, 2006. "Singing in the Bird Brain , the songbirds studied by Fernando Nottebohm aren't the only ones singing his praises.", www.the-scientist.com/profile-old/singing-in-the-bird-brain-47179

2. 「愈鍛鍊越愈發達」法則──小提琴家的手指

大腦像肌肉，愈鍛鍊愈發達。科學家發現，職業小提琴手每天都不停練習小姆指，他們腦內負責指揮手部肌肉的部分比沒受過音樂訓練的人活躍得多，腦內小姆指地圖比其他指頭地圖為大，而且在愈小年紀開始，分別就愈大，愈用得多就愈發達[30]。

腦內的運動皮層是用作協調身體活動，每天抽一兩分鐘操練一些新的身體動作，例如瑜珈、太極、羽毛球，或任何運動動作，重點是每天也練習不同的新動作，讓大腦不斷接收新的刺激。有氧運動如游泳和慢跑，可以使血管（包括大腦內的血管）保持更好的形狀。

大腦會因應生活的新經驗，而重組神經網絡路徑，這種現象稱為神經可塑性（Neuroplasticity）。歷史上能稱得上是天才的，如莫札特、披頭四樂隊、比爾・蓋茲等等，他們在高峰成就之前是經過多年的持續奮鬥，只是世人察覺不到而已，當你仍在牀上躲懶享受甜夢的時候，他們是在練習；當你放工回家準備休息的時候，他們依然在練習，他們的成功，是經過持續多年的刻苦練習，沒有例外。

30　Anders Ericsson 著，陳繪茹譯，2019 年版，《刻意練習》，方智出版，83-85 頁。

3. 「愈來愈聰明」法則——弗林效應

紐西蘭學者 James Flynn 發現，過去一百年人類的平均智商（IQ）有驚人的增加，分數從 20 世紀開始持續穩定攀升。Flynn 發現每年分數會平均增加 0.3 分，即每十年增加 3 分。的確，統計學上，人類的智商是不斷提升，這現象稱為弗林效應（Flynn effect）。

這是一個怎樣的概念？假如你三十歲時成為了爸爸，你兒子的智商應該比你強十分，你的下一代必定會比你更聰明，不是嗎？當你家添置了最新款式的電子產品或者手機，最快學會的，甚至完全不需要學就懂的，一定是你那頑皮不堪的兒子，他甚至是你的老師，能夠教你如何運用。

弗林效應之所以出現，都是拜教育普及、營養豐富和科技進步所賜。但無論如何，這起碼說明了一個好消息和一個壞消息：好消息是，人的腦不會是一成不變的，它是愈來愈發達，你的子女將會愈來愈聰明；壞消息是，你已經不可以用傳統的方法與你的子女相處了，當你罵他們：「我吃鹽比你吃的米還多（廣東口語：我食鹽多過你食米）！」時，證明你老了，已經是過時落後。

4. 「路徑依循」法則──你可以學習任何東西

人人都羨慕天才，認為他們是有天神賜予的能力，不用努力學習就會掌握天賦，畫家就是最好例子，畫家可以揮灑自如地畫出任何東西，平凡人只能望畫輕嘆，這是真的嗎？

美 國 畫 家 Betty Edwards 著 作 *Drawing on the Right Side of the Brain*（中譯《像藝術家一樣思考》）就告訴你，其實任何人，不論是在任何年齡開始學習，都可以隨心所欲地畫出任何東西，關鍵是，你要懂得合適的方法。書中教人一種快速學習繪畫的方法，能在短短數天之內，使一個完全不懂繪畫的人可以畫得一手好畫。

這本書全球暢銷超過三百萬本，它之所以矚目是因為它不單是教人繪畫，更是一本有系統地以繪畫來教人用腦思考的書。它吸引了無數大企業的管理層拜讀，成為了無數跨國企業，包括 IBM、Motarola、通用等的行政人員指定要閱讀的書，風靡全球。

她用什麼方法教畫的呢？開始的時候，同學在毫無指導之下畫第一幅畫，像大部分人一樣，同學對繪畫都有一種莫名其妙的恐懼，在畫板前幾乎完全失去自信，作品的水平自然也是強差人意，例如把眼睛畫成一尾魚的形狀，把鼻子畫成個倒轉的叉子。

Betty Edwards 指導教學生用反傳統的繪畫方法，首先，對着實物，只用眼睛觀察，不聯想任何東西，不被大腦內既有想法干擾，然後一步一步按她的指示繪畫，慢慢的，神奇的事情就出現了，所有同學，我強調是「所有同學」到了第三天，繪畫技巧已經是判若兩人，已經可以畫得出一般藝術學院一年級的水平，一般人要花很長時間才可學會的東西，只需要三天課時便可以掌握，而且更是樂在其中，充滿自信。

我們的腦袋習慣了對任事物都是先來批判計算，於是腦內這把「聲音」就成為了一種腦內騷擾，無論你有什麼鬼主意，它都是先來一個批判，使得大部分的腦內潛能都被壓抑下去。Betty Edwards 的方法是運用腦內對於直觀、想像、空間感、非語言的特性，在觀察的過程中避免腦內的批判和騷擾，將精神狀態集中到感覺和想像。

這種方法很神奇！神奇的不是這本書，而每一個人頭上的腦袋。只要找對用腦的方法，有系統的路徑依循，你是可以學會任何東西。

七種方法重啟大腦

整理對於大腦最新的發現，正確理解大腦的運作，是可以啓導我們更有效地善用它，強化自己的優勢，更好的發揮自己的潛能。

1. 多休息，多做運動，讓頭腦充電

大腦佔身體重量的 2% 至 3%，但卻消耗身體能量 20%，所以，它持續地工作時是非常疲累，會像家用電腦一樣隨時「當機」，這時候與其發呆鑽牛角尖，不如暫時放下手上工作，出去走走、或者睡一覺，讓腦內神經細胞休息一下，有助重新連結整理，回來往往就有新的想法。

其實，當你進入夢鄉時，大腦並不是關了機，而是利用這時間整理睡前所發生過的事情，與及把混亂的資料重新整理及排序一次，有系統的擺放進腦內的適當的位置。同時，它亦會繼續思考着你未完成的問題，所以，每每當午睡之後，會突然茅塞頓開，想通事情。歷史上很多偉大的構思和發明，都是睡覺時想出來的。

無數心理學實驗都證明了，人若被剝奪睡眠，會變得煩躁、疲倦、思想遲鈍、嚴重的會百病纏身，甚至精神崩潰。

總之，甜睡之後，腦袋會重新啟動，讓你思考更清晰。

此外，適當的運動亦可以使腦細胞得到更多氧氣和養分，能夠幫助腦神經元生長及增加連結，可以產生多巴胺、血清素與正腎上腺素等三種激素，有助提昇學習能力。多巴胺是一種正向的情緒物質，使人感到快樂，學習效果更佳；血清素可以幫助記憶，而腎上腺素可以使孩子專注力增強。所以多做運動對記憶、專注力和室內上課的行為表現，都產生了正面效果[31]。

常常做運動的兒童和青少年，更能有效地運用腦內資源來幫助學習，持續力較好，如果兒童在上課前做 5 分鐘基本運動，如手臂畫圈擺動，學習動機及效率都會提升。

2. 提昇要求，擁抱挑戰

如果不敢接受挑戰，人類早就在洪荒的遠古年代絕種了，我們的祖先在荒野獵殺，每一刻都關乎生死，能夠面對挑戰，克服困難才可以生存下來。如果生命缺乏挑戰，等於失去了啟航的動力，生活就變得缺乏意義。所以擁抱挑戰其實是快樂的泉源。

面對挑戰時所釋放出來的力量是相當驚人的，要真正的推動自己前進，最佳的定位是挑戰比自己的能力略高一點，

---

31 李偉文，2011《用運動來幫助學習》，天下雜誌 https://www.cw.com.tw/article/article.
action?id=5006123

這就是「恰到好處」的挑戰，當到達這一位置時，會更願意學習，把整體的水平提高，這也是激勵上進的最佳方法。

當挑戰太簡單了，覺得勝券在握的時候，壓力不足以刺激成長。但挑戰太難了，會手慌腳亂而無法專注。所以，如果難度和挑戰與能力互相吻合時，即是超出目前的能力範圍，但又剛好只超出一點點，專注力就開始凝聚，逐漸進入非常專注的狀態，整個人會全情投入，有更大發揮，潛能激發出來，有闖進高峰的勇氣和動力。

定型心態的人面對重大的挑戰時，會出現不同程度的負面反應，包括：無助、絕望、混亂、焦慮、震驚、憤怒、煩躁、低自尊、失去自信心和退縮。而成長心態的人會告訴自己，即使這是非常嚴峻的考驗，但「總是會有出口的（There must be a way out）。」，他們不會逃避困難所帶來的機會，明白到之後就會站得更加穩固，這是必經的試煉。

3. 保持好奇心

好奇心強的人求知慾自然旺盛，當小朋友四出探索時，腦袋是非常忙碌的，腦內的前扣帶迴和前額葉皮質間的聯繫迴路會更強壯，因此能儲備豐富的資訊激發創意。相反，缺乏好奇心，對什麼事物都習以為常，視而不見，懶得探究，腦內的迴路就會弱化，腦筋不會再靈活。

許多人認爲隨着年齡的增長，大腦機能會衰老退化，事實是，不是年齡使大腦變得更糟，而是沒有用腦才使人加快老化。所以，要積極地參與你不熟悉的領域，學些新東西，讓大腦神經細胞不斷產生新連結。好奇心促使你探索更多，發掘更多，促使大腦有更多連結，就會更靈敏，持續發揮得更好。

4. 學會抽離

如何從精神疲勞的狀態中恢復過來，重新專注？有一種簡易而又非常廉價的方法，就是走入大自然，聆聽風聲鳥語，遠觀落葉彩雲，與昆蟲蝴蝶打招呼。自然環境可以使人們恢復本來的注意力，體驗安寧舒暢的感覺，是最理想的身心靈復元診療所。

當你絞盡腦汁，與一個複雜的問題奮戰，但仍百思不得其解，你想要放棄的時候，停一停，什麼也不做，或者做一些無關的東西，聽聽音樂，看看漫畫，看場電影，或是直接上牀睡覺，然後腦海叮咚一聲，靈光乍現，答案就會突然浮現出來。

學會抽離，暫時放鬆一下，充充電，腦袋必定會給你更好的回報。就像肌肉一樣，你希望可以發揮最佳狀態，在激烈運動之後做一些緩和的運動，交叉間歇的做，才能發揮最好的效果，當回過神後再來打拼，你會豁然開朗，答案自然會出現在眼前。

5. 清晰目標——重新燃起大腦的火焰

在伊拉克戰爭期間，我們在電視機前看到美軍的導彈從地面、戰艦、潛艇內發射，幾乎全都準確命中目標，即使在距離目標數百甚至數千哩外發射，命中率依然高得驚人。現代化的戰爭就好像電競遊戲一樣，相當可怕。

導彈的命中率之所以如此高，是因為安裝了自動導航技術，原理是首先設定目標，規劃導彈的航程，輸入航程中的資料，包括地形、山勢和氣象變化等，一切就緒，便可以發射。但發射後的導彈是絕非一成不變的依照原定的指示和資料航行，相反，它會有無數誤差，需要不斷發出訊號，接收回饋，分析資料，然後又不斷修正航道，直到命中目標為止。

當設定目標之後，導彈完全是處於「常變」的狀態，不斷出現誤差，不斷更新修訂改變，然後建立新的平衡點，除了已設定的目標之外，是絕對不會有所謂「完全正確」的狀態，改變才是正常。

人的腦袋裏亦安裝了自動導航系統，像導彈一樣，是會不斷出現誤差，然後不斷修正，從中尋找新的平衡點。犯錯必定會引起不平衡，混亂和不安，這是正常不過的事情。但是，當工作過勞或者感到威脅恐懼時，身體會特別疲累，大腦一片空白什麼都想不起似的，一般人以為這是身體工作過量，壓力大所引發。

南非開普敦大學學者 Tim Noakes 有另一番發現，他認為疲勞的知覺並非肌肉運動過勞所致，而是由大腦發出，為你自動關機，他稱這機制為中樞管治系統（Central governor system）[32]。

Tim Noakes 是研究運動心理學的，他發現運動員在身體疲憊的情況下，當看到目標出現在眼前時，是能夠突然加速起來，如果肌肉真的沒有力，根本是不可能再發力衝刺的，當大腦感到恐懼或者難以承受的事情時，它是會自動關閉腦內中樞系統，停止必要的活動，使你慢下腳步，好像汽車煞制一樣，把整部機器按停，這是人類的演化結果，目的是保護身體不至於因過度操勞而受傷損壞。對大腦的警報解除後，已經不再是威脅了，或者再有一個更高層次的目標或者使命時，它會重新啟動。

對於普羅大眾來說，這研究在告訴我們，大腦全方位地保護着我們，我們的潛能是非常巨大，同時又是一部等待發射的導彈系統，只要設定了目標然後發射，它會不斷自動調較，窮追不捨直到命中目標。

你以為已經是疲累乾涸的時候，只要你的目標清晰，看到終點在望時，大腦會重新燃起能量，鬥志再現邁進向前，肉體上的疲憊算得上什麼！但前題是，你必須要有清楚的目標，甚至宏大的願景，這個微妙的彈導機制才可運作。

32　Noakes, Peltonen, and Rusko, 2001, ‘Evidence that a central governor -regulates exercise performance during acute hypoxia and hyperoxia.’, Journal of Experimental Biology, 2001 204.

　　總括而言，大腦是非常神奇的器官，它不斷鍛鍊和探索新體驗，掌握新技能和知識，接受新的挑戰，同時好好休息，是保持大腦敏銳和鍛煉大腦能力的有效方法，也是使自己變得更聰明的不二法門。

被稱爲萬獸之王的獅子，其獵殺成功率都只有 18-36%，對牠來說，失敗是平常的事，相信你都應該不會比牠們強太多吧！

方法 3. 擁抱失敗──
失敗是生命的特徵

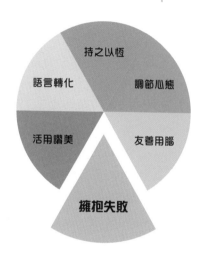

　　大發明家愛迪生的實驗室失火，所有儀器和過往的實驗數據全都毀於火海，愛迪生花了一生研究的心血一夜之間全都燒光了，眼看着熊熊的烈火，他的太太哭得兩眼都發腫，愛迪生上前擁着愛妻說：「親愛的！上帝對我真的不錯，不是嗎？祂把我過去多年在做實驗時所犯過的錯誤，都一次過燒掉了，可能上天要給我新的靈感，去創造新的發明。」不久之後，人類第一部留聲機誕生了。

在精神病學上有一症狀名為「失敗恐懼症」（Kakorrhapiophobia），是害怕失敗到極端病態的地步，患者非常害怕失敗，為了避免失敗，什麼都不敢做，不要有任何挑戰，討厭變化，生活在焦慮和恐懼之中，症狀包括暈眩、心跳過速、自尊心嚴重低落、做事畏首畏尾、懶散無動力，影響日常生活。

你應該忘記了你嬰兒時學行路的過程，但請你觀察一下嬰兒是如何學習走路的。

當嬰兒肌肉發育成熟，他們會躍躍欲試，用柔弱的小腿肌肉支持笨拙的身體，爬起來嘗試向前走，跌倒了，爬在地上但沒有哭，再試一次，再跌倒，再爬起來，如是者嘗試很多很多次，直至成功為止。他們不會因為犯錯了而感到羞辱，沒有因為未能成功而中途放棄。孩子於嬰兒時期必定是成長心態，否則一定學不成走路，這段時間，他們的學習動機強大到令你吃驚。

但是從什麼時候開始，他們的學習動機日漸消失？是什麼時候開始變得害怕失敗？是什麼時候開始他們因為犯錯而感到羞愧？

爸爸媽媽的煩惱

父母是兒童最早的老師，在成長歷程中，他們最早透過父母的說話和自身的經驗，從而判斷自己的能力可以繼續提升，還是只會固定不變。

小朋友每天都由父母評價來判斷自己到底有多聰明，潛而默化之下，父母的一言一行都對他們構成深遠的影響。當孩子要入學了，家庭戰爭就開始了！首先，排山倒海的功課、測驗和考試，佔據了孩子和家長幾乎所有時間；此外，在不要落後於起跑線的前提下，必須要保持競爭優勢，於是大家的關係就因考試和成績拉得崩裂。

如果孩子拿來一張差劣的成績單要你簽名，或者犯了錯闖了禍時，你會如何處理？如你是情商非常高的父母，你可能會盡量板着面對孩子說：「不要緊的，下次努力吧！」但內心在想着什麼？你可能會想着：

- 又犯錯，又為我添麻煩了！
- 又犯錯了，到底今次是什麼原因？快給我一個解釋！
- 這些錯是應該可以避免的！
- 你常常犯錯，有何面目去見其他人？
- 這麼差的成績，日後如何報考好的學校？
- 你是沒有用的孩子！

孩子並非單用耳朵接收你的訊息，還會鑑貌辨色，從你的眼神和說話語氣裏，了解到原來犯錯會令你不高興。當然，如果你直面痛斥他、責備他、甚至懲罰他，他就會知道，犯錯是會帶來可怕的後果，不要再犯錯爲妙。

在香港的考試制度下，全班只有一個第一名，在勝者全勝（The winner takes all）的觀念下，其他幾十位同學都會自覺是失敗者。學生的學業生涯中，經歷了上千次的考試磨練，在不知不覺間，養成一種直覺反應，不是「對」就是「錯」，做「對」了就是好，做「錯」了就是災難。

在這種氛圍之下，學生必須習慣「不能犯錯」，做錯了必定帶來失敗的後果，沒有考取好成績就等於失敗者，這感覺是非常難受的，「除了考到好成績外，什麼都是次要的！」「面對功課成績，我無能爲力，做什麼都沒有用！」這是典型的定型心態，是填鴨教育制度培育出來的產物。

你知道獅子的獵殺的成功率有多高？

這是一條哄幼稚園學生的問題：「誰是萬獸之王？」「獅子」，對，滿分！

且慢，你用什麼準則去界定什麼是萬獸之王？如果以獵殺的成功率來定義誰是王者的話，相信獅子離王者的稱

號甚遠！你猜獅子狩獵的成功率有多高？100%、80%、50%……有動物學家觀察到，原來獅子的獵殺成功率是很低的，那誰是萬獸王者？答案是[33]：

動物	平均獵殺成功率	備註
非洲獅子	18-36%	群體狩獵 36%，單獨出擊 18%。
非洲獵豹	14-38%	雄性 38%，雌性 14%，因雌性的體力較小，大部分獵物會被其他掠食動物搶去。
印度豹（cheetah）	50%	/
非洲野狗	85%	/

沒錯，狩獵冠軍並不是獅子，它們平均每十次出擊便有七次空手而回，整個族群都要挨餓。勝利者應該是非洲野狗，即在你家中那隻「汪星人」的非洲遠房親戚。

野狗之所以稱王是因為它們智商甚高，成群出動，每次最少二、三十隻，而且分工合作精密部署，充分團隊合作才能成功，如果獵狗離群單獨出鬥就是必死無疑。不過，即使是最屬害的狩獵機器，都會有 15-25% 的失手機會，絕非戰無不勝。

33 Wild Wings Safaris in Animal Encounters.（2016）．"Which are Africa's Most Successful Predators?" Wildlife. https://africageographic.com/blog/africas-successful-hunters/

上帝創造萬物時根本不容許有全勝者，大自然不容許有一物種是永遠戰無不勝，否則世界就會失去平衡，這也是演化的結果。萬物總是需要有時勝、有時負，有時成功、亦常常失敗，這才符合造物者的心意，這也是萬物演化的定律吧。

但是，如果你的兒子拿着成績表對你說：「媽咪你看我多叻！我在十次測驗中有四次合格，我比獅子更厲害呀！」你猜你會有何反應？香港的考試制度是不可能接受有如此「失敗」的成績，不是嗎？

失敗乃兵家常事，此話不只是勵志之詞，更加是大自然的定律。很多人抱怨：「為什麼失敗的總是我？」但是，你必須記着，上帝設計最成功的狩獵動物，其成功率都不足一半，你又有何本領可以勝得過獅子？

犯錯令人更聰明

心理學家 Jason Moser 發現當人犯錯的時候，大腦運作的神經機制會出現戲劇性變化，腦內神經元的突觸就會大量激活，突觸是上億萬神經元之間的接觸體，被激活的神經突觸愈多，其連接就會愈強化。簡言之，當我們犯錯時，大腦會告訴你：「此路不通！」於是思考另一條路徑，激活更多腦細胞，形成新的通路，通路可以得到加強，大腦中的連接網路會更多、更緊密、更複雜，大腦的學習能力

就在這些連接中得到提升 [34]。

　　不管你是否意識到了錯誤，只要大腦受到挑戰，會引發大腦神經細胞的生長。大腦就像肌肉，每次的鍛鍊，都能大量激活活化大腦內神經細胞，它們會不斷的加強聯繫，進行更多的連結，所以，失敗的經驗愈多，解決問題的能力就愈強。

　　常常動腦筋，它就變得更豐富了，犯錯和失敗絕對是一件好事，我們應該要爲可以有機會失敗而歡呼鼓掌 [35]。

一念天堂，一念地獄

　　Carol Dweck 在 1970 年代初就讀研究所時，開始探索兒童如何應付失敗，她很快就了解到「應付」是個不適合的字眼。「有些人不只是應付失敗，而是喜愛失敗，」她表示：「對某些人來說，失敗是世界末日，但對其他人來說，失敗代表令人興奮的新機會。」

　　對於擁有成長心態的孩子來說，拼圖愈難反而愈興奮，他們不僅沒有被難倒，沒有感到挫折，反而覺得他們是在接受挑戰，是在學習，在他們的臉上似乎沒有烙上「失敗」兩個字 [36]。失敗最重要的功能是給你一個學習經驗，在一個實驗中，她給了一群小孩難度很高的拼圖，固化心態的小孩最初

34　Boaler 著，畢馨云 譯，2018《成長型數學思維》，臉譜，13 頁。

35　Dweck Carol（2017）"Mindsets — Changing the Way You Think to Fulfil Your Potential" Updated Edition. Robinson. pp 15-16, 99-101, 147-148.

36　Dweck Carol（2017）"Mindsets — Changing the Way You Think to Fulfil Your Potential" Upated Edition. Robinson. pp 3-12.

時還很投入參與，但難度愈來愈高時，很多人都拒絕再玩，放棄了。

Carol Dweck 提醒成年人，在面對失敗時也應該學習小孩子的精神，提醒自己，失敗是最好的學習機會，它幫助你思考更好的方法，摸索一條，甚至很多條更有效的道路，失敗是必然的，大家必須要先好好運用這個事實。

定型心態的人害怕失敗和犯錯，失敗代表自己是不夠聰明及能力有限：「因爲我不夠好，都是沒用的！」、「我已經盡了力，你還想我怎樣？」、「這不是我的問題！」、「我一點天分也沒有！」………對他們來說，也許放棄是唯一出路。

相反，抱有成長心態的人，相信天賦只是起點，挫折與失敗只是挑戰，每次挫折，總能從中找出改善辦法，成功要靠努力，失敗是學習的一部分，任何事都可以從學習開始，能力是可以不斷發展的，今次做得不好，重頭再來是可以再做好的，全憑信念使然，愈努力做好一件事，愈接近目標。

當經歷了失敗時，腦細胞會知道原先那個方法是不行的，動動腦筋，腦神經細胞就會去找第二條路，出現第二種答案，再動腦思考，可以再找到第三條，甚至出現更多的答案。

失敗並不丟臉，不失敗才不正常。重要的是面對失敗時，不要因此而一蹶不振。試想，如果獅子野狗因為失敗而懷憂喪志，怨天尤人，不吸取教訓，不修正狩獵技巧，從中訓練出更厲害的絕活，它們不是餓死，就是成為其他掠食者的大餐！

當孩子犯了錯時千萬不要這樣說

當孩子遇上失敗，自覺已經被打倒在地上，全身傷痕，滿腦子負面思想，千萬不要在他們傷口上再灑鹽，這是落井下石火上加油，更加鞏固了他們的固定心態。以下的說話千萬不要說：

- 我早就告訴過你，這樣做是一定失敗啦！
- 你沒有天分，學不到的，嘗試過就算了吧！
- 與那麼多「叻」人一起競爭，輸是合情合理的，沒有辦法啦！
- 因為你不夠聰明，所以徹底失敗了。
- 英文太難了，你學不懂。
- 不要這樣難過，你已盡了力，算了吧！
- 你沒有像他那麼聰明，失敗是意料中事。
- 我是你老爸，我早就預見你會這樣！
- 這回你知錯了吧！

- 看你下一次還敢不敢！

- 不聽忠告就是這後果！

- 活該！

- 這是報應呀！

- 事情弄到這地步，教我如何幫你？

- 要記住，下次不要再犯！

「一嚿叉燒」的故事

以下是一位小學老師的日記：

我是一個小學教師，曾遇過一個令我印象很深刻的學生，他很懶惰，經常欠交功課，但成績不算太差。我覺得他能力不算太差，也算是個可造之材，於是便罰他留堂，要他完成功課才可回家。豈料當我第一次罰他留堂時，他問我：「老師，為何要罰我留堂？」

我回答：「因為我想你即日完成功課，如果你做功課時遇到不明白之處，可把握機會現在問我。你待會過來教員室吧，我教你。」

然後他說：「不用罰我留堂了，沒有用的。」

我說：「才不是呢，我覺得你有能力完成功課的。」

怎料他突然爆出一句：「我是『叉燒』來的！」

我很錯愕，問他：「什麼？什麼『叉燒』？你在說什麼？」

他答：「我媽說，『生嚿叉燒』好過生我。所以你不用幫我了，我只是『一嚿叉燒』。」

他看似放棄了自己，也像是給自己一個懶惰的藉口，不過既然他懂得以此作為藉口，證明他也不是一個太愚蠢的人。但到底他在找誰晦氣？是誰跟他說：「我生嚿叉燒好過生你啦」？我想世上只有兩個人，有資格跟他說以上這句話。

有時，就是因為作為家長的我們太生氣，所以會說出一些本不該對孩子說的話，一些原來對孩子有深遠影響的話。有時，生氣時衝口而出說了句晦氣話只屬小事，卻不知道這句話從此就深深印在小朋友的腦海裏，令他相信了自己就是一個很不濟的人，讓他從此有了這樣的「定型心態」。

是誰令他擁有這樣的「定型心態」？不就是他的家人嗎？我教了這個學生一年，在我眼中，他當然不是「一嚿叉燒」！他就只是比較懶惰，和不停以母親的「叉燒論」做藉口而已。所以，身為家長的，必定要對孩子小心說話。

當你覺得已經竭盡所能仍無法達成目標,當你感到絕望,在放棄之前,問自己以下七條問題:

1. 這次失敗最糟糕的後果是什麼?

在這事情上,你已經完成了多少,有哪些仍未達成的呢?這次失敗最糟糕的後果是什麼?這是真的,有證據嗎?證據在哪?就算這糟糕的後果是真的,又如何?

2. 學到什麼?還需要學什麼?

從錯誤中學習是老生常談的話,卻一點也沒錯,問問自己,還需要學到些什麼呢?無論是失敗的,或者是成功的事,還需要學習什麼?這是進步的關鍵。

3. 是什麼阻礙你?

這題目是指心理上的阻礙,包括信念、偏見、習慣、想法等,你的阻力是什麼?不要忘記的是,自己做了什麼,又或沒有做什麼,這些通通都是障礙。

4. 忽略了什麼呢?

這是你的盲點,這問題讓你思考你自己看不到的東西,過程中你忽略了什麼呢?這些忽略為你帶來了什麼後果呢?

5. 未來應該注意的地方是什麼？

過程中，你聚焦錯在哪裏？忽略了哪方面呢？如果可以重來一次，會聚焦在什麼上呢？

6. 我仍擁有什麼資源？

什麼可以幫助我？什麼人、什麼事、什麼知識、什麼習慣、什麼想法，可以給予我助力？不要忘記的是，我曾做了什麼幫助了自己呢？人生下來就已經擁有所有需要的心理資源，包括創意、自信、快樂、活力、勇氣和健康等等，只是我們不懂得在適當時間提取出來，加以運用。

7. 將來會如何避免它？

當你再遇到同類難題時，你得更清醒的注視它，感覺它，然後深呼吸，安靜下來，從另一角度去面對它，想想如何可以避免重蹈覆轍。

當你想放棄時，切切實實的開動腦袋想一想，「我需要什麼？」、「我想要什麼？」、「我尚欠缺什麼？」、「我學習到什麼？」、「我該採取什麼方法及策略避免重蹈覆轍？」。

不要計算已失去的東西，數數還剩下的東西。如果不幸地，身上的一半金錢掉到深海中，別企圖跳下水中把它全數尋回，這會弄垮你的性命。數數還剩下的另一半，想想如何更好保護剩下的，認真檢視當中學會什麼，再深思如何運用這些已有的來做得更好，才可能會賺回更多。如果老是悼念那些已失去的，終日唉聲歎氣，自怨自艾，後悔懊惱，很容易就連那剩下的都輸掉。既然錯誤已經是事實了，就不如把注意力集中在仍然擁有的，更好地珍惜。如何看待已發生了的事實，積極面對還是悲觀放棄，取決於個人的心態。

機靈小和尚與多啦 A 夢

作為家長或者老師的你，如果你仍然認為犯錯是一件非常可怕的事，也許你要細心想想以下問題：

- 孩子因為犯錯誤而招惹很大麻煩嗎？
- 你是需要幫助孩子避免遇到困難的情況嗎？
- 他們的努力和進步在家 / 班房中得到你的重視嗎？
- 你會為孩子的缺點和錯誤找藉口嗎？
- 當孩子有進步時，你會為他們慶祝嗎，還是迫令他們下次要追求更佳成績？

如果你的答案仍然是肯定的話，也許你要重溫以下兩位卡通片的人物：

第一位卡通人物名字叫「一休」，是《機靈小和尚》的主角。一休在每一集故事中都會遇上難題，而每當他遇到難題時，便會第一時間盤膝打坐。他會用手指點一滴口水在其光禿禿的頭上轉個圈，雖然這樣不太合乎衛生。與此同時，電視的配樂就會播出敲打木魚的聲音，直至一休說出一句：「啊！我想到了！」然後他就會想到解決難題的辦法。一集解決到一個難題是很令人鼓舞的，而他想出來的辦法都很好。

如果他想不到解決問題的方法，或者他的能力不足以執行那個方法，那怎麼辦？他就會去找外援，去思考到底有誰可以幫自己解決這個難題。而在故事中，他一定會找新右衛門叔叔去幫助自己。

一休是一個典型擁有成長心態的小朋友，而且《機靈小和尚》整個故事也是充滿成長心態的，遇到困難時第一個反應不是發脾氣或大喊「媽媽」求救，而是想辦法去解決問題，那就好了。

另一位主角是《多啦A夢》（或《叮噹》）中的大雄，當他遇到困難時，不會像一休那樣自己想辦法、動動腦筋，

而是會嚎啕大哭、大喊「叮噹呀！」去呼救。他不會自己去思考解決問題的辦法，因為他知道叮噹一定會幫助自己。問問各位家長，你希望自己的小孩像一休還是大雄？當孩子還是三歲、五歲的時候，你會覺得他大喊「媽媽」去呼救是可以接受的。但當孩子二十三歲、二十五歲的時候，如果他還依然大喊「媽媽！幫我呀！」，你便會真的感到很害怕了。

成長心態的重要元素是「失敗是常態」。容許小朋友面對失敗、面對挫折，我們要讓他們品嘗一下，事情做得到和做不到的滋味是如何的。只要不傷及小朋友的健康和帶有危險性，當家長的就應該容讓他們去跌倒、去碰撞。因為從失敗中學習是培育成長心態的關鍵元素。

獅子的家庭教育

在非洲大草原上，獅子媽媽帶着兩頭小獅子學習狩獵，它們瞄準了一頭小羚羊，獅子媽媽衝前引開了羚羊媽媽，並把小羚羊翻倒在地上，但獅子媽媽沒有殺死小羚羊，而是用身體阻擋羚羊媽媽營救，小羚羊想逃走，獅子媽媽再次翻倒它，仍然不傷害它，等待兩頭小獅子從後趕上。

須知道，獵殺羚羊是需要很高技巧的，一頭獅子必先要撲向它的頸部，用利牙緊緊咬着大動脈，如果咬錯了位

置，會被羚羊頭頂的尖角撞倒，是非同小可的；而另一隻獅子要咬住它的大腿兩側，使它失去反抗能力並倒下，這也是非常危險，因為如果撲上去的位置不準確，會被後蹄踢倒，隨時致命。

獅子媽媽基本上只是從旁凝視兩位小孩子，小獅子行動笨拙，在後排的那小伙子猛力撲上對方的腿側，但爪子不夠力，從背脊多次滑了下來，然後又再次撲上去，如是者撲了幾次，樣子有點滑稽；而在前頭的那隻小獅子也不好過，與小羚羊正面交鋒，小羚羊毫不低頭，拼死反抗，小獅子根本無從入手，很不容易，兩頭小伙子出盡所有的氣力才殺死這可憐的小羚羊。然後其他獅群成員都上前分享這美味的小點心。

這畫面實在殘忍，但這是大自然的定律！在整個過程中，獅子媽媽只是從旁監察，完全沒有出過手，讓小獅子從錯誤失敗中學習殺死獵物的技巧。獅子媽媽知道，小獅子必須要盡快掌握獵殺技巧，否則就只會迎來兩個結局，不是餓死，就是變成了其他掠食動物的美味大餐。

獅子媽媽只是在場邊打點吶喊，而不直接替小獅子殺死獵物，因為，無論媽媽有如何勇猛強悍的能力，它的孩子有一天終會長大獨立在這殘酷草原上謀生。獅子媽媽知

道，即使今天孩子未夠成熟，能力不足，笨手笨腳，但仍必須要放手，讓孩子犯錯，並從中學習。小獅子有朝一日將要成為草原上的最高統治者，成為原野上的威猛雄獅，這艱苦的鍛鍊是必經的階段。

失敗履歷表

如果一個曾經在戰場上出生入死的戰士，身上是完好無缺，連一條傷痕都沒有的話，用廣東話的俚語說：「未受過傷，這個士兵真是好打有限！」

普林斯頓大學學者 Johannes Haushofer 製作了一份自己的失敗履歷（CV of Failures），並在網上公開[37]，突然爆紅。在他的履歷表中提到自己失敗往績，包括失敗的求職，失敗的撥款申請等等。原來地位崇高的名牌大學教授生命都是充滿「瘀」事，教授不滿社會只對成功者無限追捧，對失敗者嗤之以鼻，忽視了失敗挫折的經歷是通往成功的必然階梯！

你也可以為自己寫一張失敗履歷表，一份完整的履歷表當然應該包括失敗的經驗。像寫求職信一樣，請仔細無遺地撰寫每一件失敗事蹟的時、地和涉及的人物，當然，你也要寫上當中學習到的教訓與及補救計劃，如何防止日後再犯同樣的錯誤。

[37] https://www.princeton.edu/~joha/Johannes_Haushofer_CV_of_Failures.pdf

你可以更進一步，爲失敗開一個慶祝會，對！是慶祝失敗。你可以邀請朋友一同爲你慶祝，如果沒有朋友來，不打緊，自己一個人慶祝也不錯，帶着香檳爲自己祝酒，都是很浪漫的！

在慶祝酒會上，你可以向世界表明，你曾經直面這次失敗帶來的恐懼和驚怕，這些失敗是有價值的，回首失敗原因，它令你失去了什麼？你可以舐犢一下自己的傷口，撫慰那曾經灑淚的心房，然後靜下來，與自己說：

- 我只是還未做到（Not yet）而已。
- 雖然達不到原本目標，但起碼都有接受挑戰的勇氣。
- 歷史上很多偉人都是經歷無數次失敗才獲得成功，不是嗎？
- 不是什麼天掉下來的事，下次應該可以做好一些。
- 過程中發生了什麼事導致達不到成效？
- 是什麼原因導致這結果？
- 你從中學到什麼？
- 總結這經驗，讓下次做得更好？
- 最壞的情況也不外如是，沒什麼大不了。

沒有受過傷，就不懂得剛強。失敗造就更多學習的可能，在慶祝會上，不忘鼓勵自己，爲進駐成功之路向前邁進一步。

容許失敗的人生規則

當你犯了過錯甚至自覺失敗時，你會恐懼不敢再嘗試，害怕被人取笑，覺得自己比別人愚蠢。那麼嘗試去修改一下自己的人生規則，容許犯錯甚至歡迎犯錯，只要這些錯失不犯法，亦不會導致嚴重的後果。你要第一時間原諒自己，沒有人是完美的，你亦不是完美，對不對？不妨訂立這樣的規則：

- 我不是完美，我亦不會追求完美；
- 我可以失敗，可以犯錯，這是學習的機會；
- 我可以失敗，可以犯錯，但須坦誠面對，不能找藉口推諉；
- 我可以失敗，可以犯錯，但須知錯要改，避免重蹈覆轍；
- 我會原諒自己犯過的錯誤，但不會接受不再嘗試。

必須讓自己有足夠的掌控能力，這並非一件簡單的事，要為自己做決定必須要有足夠的資訊，有能力去認清後果，與及願意承擔後果，而且更要鼓勵他們承擔責任，當人有了足夠的自決經驗，就會趨向成熟。

103

方法 4. 活用讚美——
讚賞可以是動力，也可以是詛咒

「一句話說得合宜，如同金蘋果在銀網子裏。」

《聖經》箴言 25:11

「讚美孩子的天賦和能力，就像是給予他們額度寬鬆的信用卡，未來會做成財務問題，相反，因努力而受到讚美，他們更有可能認為失敗意味着需要，會更加努力。」

Alan Mclean （美國教育家）

「錯誤的稱讚會激發自我防衛行為，正確的讚賞才能激勵學習。」

Carol Dweck

讚美可以摧毀自信心？

激勵學大師卡耐基有一句名言：「一滴蜜糖比一加侖膽汁更能吸引蒼蠅。」想要得到他人的歡心，請先給對方一個甜蜜的讚美，因為每一個人都喜歡被讚美，喜歡聽甜言蜜語，一句「你長得真漂亮！」，可以令人樂上半天。

照常理，在讚美聲中長大的兒童應該是快樂的，是充滿自信心的，多年來「賞識教育」在美國大行其道，教師、家長、心理學家似乎都相信讚賞是不會嫌多的，給予孩子足夠的讚美和鼓勵，會提昇孩子的自尊和自信。但真實世界並非如此，事實證明，不少在鼓掌聲中成長的兒童，自信心是低落的，不敢冒險，長期處於焦慮和不安之中。

兩位心理學家 Eddie Brummelman 和 Brad Bushman 在一系列研究中發現，對於自信心不足的孩子來說，言過其實和誇張的讚美（Inflated praise）不但不能幫助自尊心的建立，反而使得他們更容易扭曲甚至摧毀自信心[38]。他們設計了一個很有趣的實驗：

研究員讓孩子們臨摹梵高的名畫《野玫瑰》，然後請一位「很有名的畫家」作出評價，當然，這位「很有名的畫家」其實是研究員扮演的，他分別給予兩類不同的評價：

---

38 Tufuell, Nicholas, 2014 "Inflated Praise is Damaging for Children with Low Self-esteem.", Wired.co.uk, January 2014

第一組：給予誇張的讚賞（Inflated praise），例如：「你真是個天才！」、「實在太好了！」、「看得我很感動！」、「我發現了另一個畢加索！」……諸如此類。

第二組：給予中肯的表揚及評價，或者不表揚，甚至是負面的忠告，詳細講出他們那些地方做得好，那裏有不足。

然後請兩組兒童繼續新的畫作，這時候，接受「誇張的讚賞」組的孩子普遍選擇較簡單、沒有挑戰性的畫作，而且表現得拘謹和不願意投入；相反，另一組會選擇挑戰性較高的畫作，嘗試採用更多元化、大膽的內容和創新媒介，而且技巧有着明顯進步，總體而言，他們表現得積極投入，更喜歡繪畫，樂在其中。這實驗的結論與 Carol Dweck 的研究不謀而合。

爲什麼會有這麼大的分別？按心理學家分析，這是因爲言過其實的表揚，其實會對兒童做成不必要的心理壓力。

「今次因為我表現得好，所以我是一個有價值的人，但是下一次呢？」

「我下一次還能成功取得如此崇高的讚揚嗎？」

「如果我表現得不好，我就是個失敗者，我就沒有價值！」

這些想法構成了焦慮和不安，爲了保存脆弱的自尊心，他們必須保持成功不能失敗，所以下一次會選擇較容易做的事，甚至放棄嘗試，他們會認爲這是能較爲安全的方法。更重要的原因是，這類讚美是扭曲、空洞虛假、言之無物，對方根本不知道下一步可以怎樣做。

父母似乎認爲自卑的孩子需要獲得額外的讚美，這樣才能使他們感覺好一些，成年人這樣做可以理解，但是在眞實世界，誇張稱讚的結果往往會適得其反。

讚美是最大的破壞力量？

學者 Haim Ginott 亦指出，不恰當的讚美不但不會達到激勵的效果，反而更會引起焦慮、不安、無力感與及喚起心裏的自我防衛機制[39]。Ginott 提出有六種不恰當的讚美是會帶來破壞性的效果，包括：

1. 含糊籠統的讚美

「你好聰明！」

「你真棒！」

「你好乖！」

「你真了不起！」

39　Ginott, Haim, "Teacher and Child: A Book for Parents and Teachers" （1975） ,Avon Books, New York, NY, PP89-100.

這些讚美太抽象含糊，誇張失實，對方根本不可能知道自己因爲什麼而了不起，不了解自己發揮了什麼技能，作了什麼貢獻，付出過什麼努力，所以得到讚賞。他可能認爲根本不需要付出，就可以得到讚美；或者，如果他自覺今天做了一件很了不起的事而得到你的讚許，而明天做同一件事情時卻得不到，他反而會覺得混亂，對自己無法控制的讚許感到無助和無力。

2. 與品格掛勾的讚美

「你能回答這問題，真是個好孩子！」

對方會想，如果我不能答上問題，或者答錯了，就不是好孩子了嗎？這會使孩子感到焦慮，日後不敢再放膽提出問題或嘗試回答。

「你把拾回來的錢包交給老師，真是一個誠實的孩子，我以你爲榮！」

這句子的重點在於「以你爲榮」這四個字，對方心裏會想，如果誠實就會以我爲榮，那麼當我被發現有不誠實的行爲時，不就會「以我爲羞恥？」、「如果給父母知道我有不誠實的前科，我就不是個好孩子，就不會以我爲榮！」這反而鼓勵他們隱瞞自己的不誠實行爲，甚至產生焦慮、苦惱和不安，不敢在別人面前露出眞本性。

3. 與榮辱掛勾的讚美

「你能夠考到這麼好的成績，爸爸媽媽真的以你為榮！」

「為你而感到驕傲！」

「好孩子，爸爸媽媽為你喝采！」

這類的讚美，等於把整個家族的榮辱壓在小孩子的頭上，而且家長是以判官似的身份來作出裁決，對孩子施加了莫大的壓力，如果下次的表現沒有這次成功，所有榮耀就沒有了！就不再以我爲榮了！不再爲我喝采了！

4. 無法控制的讚美

「這是上帝的恩賜！」

「你真的是個天才！」

「你的腿長那麼長，你真是天才運動健將！」

「你長得漂亮，真是一個天使。」

「孩子，你是世上最特別的。」

「你真聰明，學得真快！」

「你是上天派來的天使！」

長得漂亮、腿長得長、世上最特別、最聰明，這都是先天的，抽象而難以捉摸，而且是不可以控制的，只是強調因

聰明所以學習得很快，對小孩來說，背後的暗示可能是：「如果學得不快就不夠聰明！」。

對於孩子的能力和天賦這類不可控制的因素過度讚賞，可能使孩子不敢面對挑戰，對這些事物不感興趣，因為這不是自己能控制的事，反而容易產生無助感。過度認同成就，會對可能的失敗而感到羞恥，更加不敢接受挑戰。此外，對美貌外表等給予讚美會一時間提升自信心，長遠而言會使人過度注意外表，並對未再得到讚美而感到焦慮。

5. 附帶條件的讚美

「你考到前五名，真的太棒了，下次再努力，要考入三甲！」

「下次要更加努力，拿到第一名！」

「下次要看到更好的成績，你一定做得到的。」

這類的讚美是附帶了下一次要做得更好的條件，而且往往是層層加碼，永無止境地要求更多，但孩子又沒有增加相應的能力。這不但無法提升動機，反而會令孩子感到更大負擔，不如不給予讚美反而更好。

6. 過分誇張的讚美

「孩子你真聰明，你能徒手扭開水樽。」

「你畫的畫太美了，你是下一個畢加索！」

「你是一個天才！」

「你彈奏得真好，是最優秀的鋼琴家。」

這種諂媚的讚美，孩子第一次聽可能會很高興，但高興只人會持續很短暫的時間。他的內心對自己的評價可能並沒那麼高，可能會覺得你只是為了討好他，因此覺得你虛偽，對這類誇張的讚美產生厭惡感。

因為這類讚美非常含糊，他無從判別到底是什麼行為引起你的誇讚，不知道下一次該怎麼做，才可以得到同樣的讚美，因此他對自己的行為就更沒有信心。況且，這種誇張與及只着重成就的讚美，像是沉重的緊箍咒，可能連孩子自己都不相信，一旦無法表現符合父母的期望，孩子將會感到無限絕望，失去自信與熱情。

讚揚過程而不是天賦和能力

想要發揮讚美的效果，必須要基於兩個重要的條件：

1. 是出於你的真誠讚美，不是做作，別讓對方感覺你原來是虛偽又不真誠。

2. 內容必須基於事實。

當孩子歌唱表現不佳，走音或者唱錯歌詞，連他自己也

感覺不對勁時你仍然對他說：「我覺得你唱得真好！」、「你真有音樂天份！」這明顯是睜眼說的瞎話，不但不能安慰他，反而令他更難受，可能，這更使孩子容易產生虛假的自我感覺良好。

什麼是基於事實呢？「事實」可以從兩個角度去看，分別是行為的結果與及行為的過程。

一般人只會注意到人們行為後所帶來結果，卻忽略了行為過程中曾經付出的努力、堅持、毅力、勇敢嘗試、採取不同方法和策略等，而這些都是事實，都是值得讚揚的，對不對？ 例如肯定孩子在學習過程中「雖然很難，但你沒有放棄」、「看得出在過程中你付出的努力」、「欣賞你能夠堅持下去」、「比以前有進步」、「有使用不同的方法克服困難」等。何況，讚揚努力和過程遠遠比強調成果和能力，更能提升成長心態。

Carol Dweck 曾經參與及發表過數以百計的研究，均一致的指出，只是一味讚美天賦才華是會弄巧成拙的，不單不會提昇他們的自信心和能力，反而會扼殺他們小腦袋內脆弱的成長心態，從而培植出固定思維。不恰當的讚美是具有破壞性和有害的[40]，總括而言，兩種讚揚方式會帶來以下幾個效果：

40　Dweck, Carol, " The Perils and Promises of Praise" Educational Leadership, October 2007 | Volume 65 | Number 2.

讚揚才華和能力的後果	讚揚過程和努力的後果
會專注於外表和「感覺良好」	會專注於過程
會選擇較容易的任務	敢於嘗試較難的任務
不願冒險	不怕冒險
避免新的挑戰	面對挑戰時不容易退縮
當失敗時會感到挫敗	失敗是學習的一部分
容易放棄	不容易放棄

十八種激勵人心的讚賞方法

讚美不能泛濫和空泛，要針對具體事實給予回應及稱許。美國暢銷書作者 Charles F Boyd 提出了「描寫式讚美」（Descriptive Praise）的技巧，主要分為以下三個部分：

1. 描述具體的行為：「雖然這是很艱鉅的難題，但你都很努力用不同的方法解決。」

2. 描述被讚美者／你的感受：「我覺得這不是一件很容易做到的事。」

3. 用簡明扼要的話語來摘要他的優點：「我很欣賞你的努力！」

停止說「你眞聰明」、「你眞是個天才」、「以你爲榮」之類空洞的讚賞，開始說以下十八種值得讚賞的行爲：

1. 讚賞努力：

- 欣賞你的努力，因為大腦就像肌肉，愈努力鍛煉，肌肉就愈強壯。
- 老師欣賞你能記着所有的舞步，而且用心練習，真欣賞你的努力。
- 你能夠為了記住那個新單詞，不斷練習，做得好！
- 這題目對你來說是有困難的，讓我們一起想想如何克服它。
- 看得出你仍然努力去完成這事。

2. 讚賞堅毅

- 儘管很困難，但你堅持沒有放棄。
- 當老師在解說遊戲規則的時候，你都有耐心地聆聽，不打斷老師或騷擾其他同學，很欣賞你這份耐性。
- 老師問問題時，你很想回答和舉手，雖然老師未有第一時間邀請你回答，但你都耐心等候，欣賞你的堅持！
- 你摔倒之後仍爬起來完成比賽，這種精神值得學習。
- 學習是需要時間和努力的，每天你都會進步一點點。

3. 讚賞正面態度

- 你遇到不明白的事情時會主動發問，能夠從其他方法尋找答案，欣賞你會主動追求知識的態度。
- 你遇上難題時都能積極地回應及面對，十分欣賞你這種正面的態度。
- 喜歡你這樣的學習態度，證明只要用心學習，是會有進步的。
- 你仍未做到，讓我們試試找出哪裏出了問題。
- 你只是暫時還未做到！
- 你能夠安排好讀書時間，懂得緩急輕重，這是很有紀律的孩子才做得到。

4. 讚賞有進步

- 你寫字比之前流暢，字體端正，真的進步了不少！
- 你能夠安坐的時間又比昨天更長，又向前邁進一步了！
- 學習是需要時間和努力的，每天你都會進步一點點。
- 你在考試前兩星期前就開始溫習，所以有進步，我非常欣賞！

5. 讚賞有創意

- 你能夠想出用膠水樽的底部去印出圖案成為花朵，真有創意！
- 你能夠聯想出相似的東西，十分有趣，欣賞你的想法。
- 遇到困難時，你能想出多個方法嘗試解決，是有創意的表現。
- 你能夠用豐富的顏色來描繪各式各樣的花朵，明確的線條和大膽的構圖，非常有創意，我很喜歡。

6. 讚賞合作精神

- 在開始比賽之前，觀察到你樂意聆聽同學意見，又能表達自己的想法，與同學合作完成任務，十分欣賞你的合作精神！
- 在進行團體任務時，可以與組員討論任務策略，即使討論過程中出現爭執，仍能努力為完成任務而互相理解及體諒，交流意見並達成共識。

7. 讚賞領導力

- 在分組活動時，我觀察到你能主動邀請同學參與，分配工作，同學亦願意配合，這點證明你擁有領導的能力。
- 你願意聆聽各人意見後，把大家的意見整合，然後帶領大家作出決定，發揮出領導能力。

8. 讚賞勇氣

- 當面對漆黑的迷宮遊戲時，雖然你有點害怕，但你仍然願意獨自穿越迷宮，這是勇氣的表現！
- 做義工服務時，你主動與陌生的老人家交談，不怕被人拒絕，是充滿勇氣才可做到！
- 上次你做錯了，所以今次你沒有再犯。說明你正在學習！接下來再挑戰些什麼呢？
- 出錯是可以的，這不是馬上學會的，是需要一步一步來掌握。

9. 讚賞幫助他人

- 吃完茶點之後，你願意幫助老師及其他同學收拾桌面，幫助別人，我十分欣賞！
- 看見老師手上拿着東西，你會主動上前幫忙，欣賞你的熱心。

10. 讚賞責任心

- 當玩完樂器之後，你能夠主動將樂器放回原位，是有責任心的表現，很欣賞你！
- 你能夠把玩具收拾整齊，而且能用很長的時間溫習，爸爸媽媽都看到你是有責任心的孩子，做得真好。

11. 讚賞信守承諾

- 因為你之前幾次都很有信用,玩半小時遊戲機就會停止,所以我今次都相信你能做到。
- 你承諾玩一小時電子遊戲,時間到了你可以主動停止,欣賞你能夠守信用。

12. 讚賞參與

- 即使面對挑戰仍然能願意嘗試,積極參與,做得好!
- 欣賞你即使在陌生的環境下,仍投入參與及勇於嘗試,可讓你擴闊眼界,吸收更多知識呢。
- 你能夠全身心都投入進去,能看得到你的努力。
- 團結起來力量大,參與才可以成功!

13. 讚賞開放和虛心的態度

- 老師欣賞你在觀察同學的做法後,不但吸收了別人經驗:甚至加入自己的方法去完成任務,欣賞你願意接受意見。
- 當受到批評時,能夠冷靜接受,再看看自己的不足或錯誤,從而作出改善。
- 失敗是可以的,因為事情是不會馬上學會的,是需要一步一步來掌握的,懂得收集別人的意見去改進,是學習的好方法!

14. 讚賞作出恰當的選擇

- 雖然你多次嘗試都未成功，但欣賞你願意改變方法，選擇一個更加合適的方法去繼續努力，做得好好！
- 觀察到你在進行遊戲時，選擇了與其他人合作完成任務，這是不容易的，老師為你感到高興！

15. 讚賞細心謹慎，考慮周全

- 離開座位時，你主動收好椅子，避免其他同學絆倒，十分細心，老師十分欣賞。
- 老師講解時，有部分同學去了洗手間，你會提議老師等待所有同學回來時才繼續，確保所有同學都能接收完整訊息。

16. 讚賞禮貌的行為

- 你能夠主動向叔叔阿姨打招呼，你是有禮貌的孩子，爸爸媽媽都很欣賞。

17. 讚賞不放棄的態度

- 暫時學不懂是可以的！這知識並不是馬上學會的，是需要一步一步來掌握的。

- 錯誤會讓你變得更強、更聰明。

- 可以失敗，但絕對不能放棄。

- 每個人學習的速度不一樣，你正以自己的速度學習，欣賞你這不放棄的態度。

- 做得很好，這題目是很難的，但你沒有放棄！

18. 讚賞克服困難

- 會出錯，說明你正在學習！接下來再挑戰點什麼呢？

- 錯誤會讓你變得更強，動動腦筋才可以更聰明。

- 你努力想說出那個詞，雖然沒有說對，但你嘗試了，現在你知道該怎麼說了。

- 做錯了沒關係，但絕對不能放棄。

- 每個人學習的速度不一樣，你正以自己的速度來學習。

總括而言，有建設性的讚賞是需要有以下三大特質：

- **過程而不是天賦能力：**上述的十八點都是與過程有關，而且都可以通過學習得到。

- **具體的行爲和原因：**不單告訴孩子「你做得好！」，而是告訴他們爲什麼被讚美，因爲做了什麼所以得到稱讚，到底好在哪裏。沒有原因的、浮誇的、盲目的讚美是危險的，當孩

子對於這類無內容的讚美感到麻木和遲鈍時，就會忽視這些讚美。與其說孩子是天才，是下一個畢加索，不如說：「你能夠用豐富的顏色來描繪各式各樣的花朵，我很喜歡。」

- **能夠掌控的部分：**空洞沒有內容的讚美，不單不能引發鼓勵的作用，甚至有負面效應。與其讚美孩子你好棒、你最好、你真聰明等的天賦能力，不如稱讚能夠掌控的，和後天努力可以改變的部分，包括他們的努力、工作過程、成果與及對人的幫助等等，上述列出的十八種讚賞，都有一個共通點，就是其內容是可以掌控的。

讚美很容易而且是相當廉價的。兒童的自我價值不是建築在虛假浮誇的讚揚上，而是父母給予的溫暖、感情和愛。在某些情況下，與孩子建立真摯的關係絕對比給予讚美更為重要。花更多的時間與孩子在一起，對他們的努力，表達出更多的興趣和好奇心，無論他們的成就如何，他們都應該以自己的身份而得到認同、重視和愛，這比一切甜言蜜語來得更具體、更真實。

請記住，孩子們需要我們的支持和鼓勵，這樣的讚美是有益的，但這並不是表達對他們的認同、接納、支持、鼓勵和愛的唯一方式。

Carol Dweck 指出，固定心態本身並不是固定不變的，它是可以轉化成成長心態的，秘訣在於你如何透過說話的方法去改變他們，讚美他們的努力，重視可以控制的特質，是可以導向成長心態。但更重要一點是，抱着成長心態的人即使未必可以達到任何特別卓越的成就，但它使我們更快樂，是一種雙贏的生活技巧 [41]。

追尋進托邦（Protopia）

人類不斷在追尋烏托邦（Utopia），那是一個極奇美好的世界，是人人都嚮往的完美境地，但是，當代哲學家 Kevin Kelly 認為在資訊科技時代，你不應再嚮往烏托邦。因為烏托邦是一個過時落伍的名詞，因為完美烏托邦只象徵着停滯不前。在未來世界，科技愈來愈發達，一切都在不斷的淘汰和更新轉換，沒有完美，只有不斷向前，過程遠比到達終點更重要。

Kevin Kelly 創造了一個新字 Protopia，中文譯做「進托邦」。意思是事情永遠都是在進行中，永遠都在找尋中，是一個永無休止的過程，因為當你真的找到所謂烏托邦時，那就是終結的一天了！

讚美過程而不是讚賞能力和天賦，可令人更有動力向前，今日會比昨日好，明日又比今日更好，這是嚮往進托邦的基本步。

41 Burkeman, Oliver（2012），"The Antidote, Happiness for the People Who Can't Stand Positive Thinking"，Vintage, pp 174-175.

中國哲學家朱光潛在歐洲遊學時，到過瑞士阿爾卑斯山一條蜿蜒曲折的環山公路旁，那裏矗立了一個巨型悅目的標語牌，寫着：「慢慢走，欣賞呀！」提醒遊人及司機，無論是多衝忙地向着目的地前進，也不要忽略周遭美麗的湖光山色。

方法 5. 語言轉化——
語言影響心態，心態決定成敗

前英國首相戴卓爾夫人有一句名言：「小心你的想法，它會成為語言；小心你的語言，它會成為行動。」（Watch your thoughts, for they become words. Watch your words, for they become actions.）。

想法會變成語言，而語言則會影響行動，行動必然決定成敗。所以，要改變心態，可以從改變說話語句開始。

中國語文中的定型心態

不幸的是，我們自小接觸不少至理名言，看似是充滿智

慧，但卻是十分定型心態思維的，在潛移默化中影響着我們的心態。以下是一些中國傳統名言，想想有何問題：

- 將勤補拙：

用勤力來彌補能的力不足，看起來是完全正確！不過，從另一角度看，這句話把「勤力」和「笨拙」對立起來，孩子潛意識可能接收到另一訊息：聰明的人是不需要那麼勤力的，因爲我不夠聰明，所以才需要用努力來彌補智力的不足。

- 江山易改，本性難移：

原來人的性格特質是無法改變的，好比改朝換代一樣難。

- 能者多勞：

西諺所謂「no pain no gain」，有能力的人必定是很辛勞的，愈有能力就必定愈勞苦，如果你不想那麼辛苦，不如少一點能力，甚或不要成功好了。

- 一失足成身千古恨：

千萬不可以失敗，只要有一次失敗，就像跌下萬丈深淵那麼可怕，永遠都無法彌補的，所以千萬不要失敗。

- 樂天知命：

知足常樂，應把一切都交給上天決定，這是命運的安排，你能夠做到的實際上是非常有限。

- 謀事在人，成事在天：

雖然憑藉個人的努力是可以成就一些事業，但要真正的大成功，卻倒是要由上天安排。

- 萬般皆是命，半點不由人：

世上所有東西都是由命運安排，命中注定，所謂：「命裏有時終須有，命裏無時莫強求」，人是無能為力的。

- 只要有恆心，鐵柱磨成針：

這說話表面上是歌頌努力和恆心，但實際上是一種愚不可及的想法。試想，要把一條鐵柱磨成針一樣幼細的話，是需要經年累月才可完成的，為什麼不乾脆直接找一支合適的針？解決問題的方法多的是，為什麼要選擇最愚蠢的，成長心態是不會愚蠢地盲目相信持之以恆，更重要的是用對方法和策略，避免做愚蠢的事。

以上都是鼓勵別人的說話，使人心理上感覺良好，只要盡了力，不要太在意得失，不需要太自責。但其實這些說話的背後，會讓人覺得自己不斷被評價為「自己不夠聰明」、「即使勤力也是沒有用的」，而且「無論如何努力，命運都是不可改變的」，很不幸地，有很多老師和家長都會不經意地傳遞了這些信息，讓人相信能力和性格是無法改變的，這不就是典型的固定心態？

轉換說法、改變心態

Carol Dweck 強調，轉換說法、改變心態（Change your words, change your mind）。在兒童的成長歷程中，他們是透過身邊人的說話和自身的經驗，從而判斷自己的能力是可以改變提升，還是只會固定不變。

語言學是非常微妙的學問，差之毫釐，謬之千里。有些字眼看起來差不多，但所傳達的訊息往往是相距千里，甚至是剛好相反的，以下的一些練習，讓你細心思考。

1. 做到什麼 VS 學到什麼

小朋友下課回到家中，爸媽歡天喜地問：「你今日乖嗎？」、「你今日有沒『曳』啊？」其實已讓小朋友判斷自己是好的小朋友還是「曳」的小朋友，他們會判斷在家長心

中最關注的，是他們「是乖還是壞」、「是叻還是不叻」、「是不是一個好的小朋友」。

如果轉換另一提問方式，爸媽問的是：「你今天在學校學到什麼？」，小朋友便會知道家長關注的是他們的成長及學習，有什麼是他曾經不能完成而今天成功了的。

2. 發現熱情 VS 發展熱情

不少勵志書都強調「發現」你的熱情所在，Find your Passion，去做一些你喜歡做的、有熱情的事，就會燃點起你向前的動力，表面看，這些話語很正向及積極。

然而，這番說話容易令小朋友變成定型心態，原因是，你似乎在告訴小朋友，passion 這樣東西原來是注定了的，你需要做的是把它找出來。但如把話語改成發展（Develop）你的熱情（Passion），分別就可以很大了。

舉例說，你希望小朋友學習音樂，讓小朋友去嘗試各種不同的樂器，於是，他嘗試彈琴，彈了一陣子就認為自己彈得不好，那就會認為彈琴不是他的 Passion，就轉其他樂器。凡學習任何新的樂器，初學時總是困難的，於是他又認為這樂器不是他的 Passion，又重新去尋找。於是，他們就會覺得他的能力是固定的。但假如換做了「發展」，Develop your passion，那就是截然不同的世界了。即是說，可以從零開始，像栽種花卉一樣，熱情其實需要培養，開始的時候總會有難聽差勁的時候。

這僅僅只是一個字的分別，但分別不在於好聽與否，而是說話背後所蘊藏的意思。究竟你是在教導他們重要的事都可以透過自己的努力去發展，還是在教導他們其實事情早已有定案？

3. 反應 VS 回應

「反應」是當某事發生時，不需經過任何思考就作出的行動，只憑藉直覺、自動化的、情緒化的反應，目的是為了能夠存活下去。「回應」是經過思考之後才作出的行動。

我們作出「反應」時，是因為下意識覺得情況不在自己控制範圍內。「反應」和「回應」兩者最大的分別在於，放棄控制而本能地作出反應，還是深思熟慮之後作出回應。

作出「反應」時，有的選擇非常有限，通常是「打」、「走」和「呆着不動」；但當作出「回應」時，選擇就多的是了，可以選擇回答、探索、受理、承認、談判、打或者走。如果當「打」或者「走」是面對危機和威脅的僅有行動時，代表你對自己的行為已失去控制！

定型心態的人認為世界是不會變的，用腦思考是解決不了問題，多以「反應」來應對。而成長心態的人則習慣動腦筋解決，是以「回應」來解決難題。請想一想，當遇上突如其來的事件或者轉變時，你是作出「反應」還是「回應」？

4. 放棄 VS 放手

定型心態者比較容易放棄，他們會安慰自己，我是「放手」而不是「放棄」，到底兩者有何分別？

「放棄」：在事情仍有改變的空間時，或者是還未完結時，就不再付出努力，選擇退出，半途而廢，撒手不理。例如當工作遇到困難時，仍未有思考如何面對便辭職，在未到絕境時就自動放棄，最極端的例子就是自殺。

「放手」：事情已經完滿結束，你的角色或者任務已經完成了，是時候扮演另一個角色，你須選擇「放手」，let go。例如，子女已經成長了，父母要學會放手，不要再如以前般事事呵護，你由監護人的角色轉為朋友，你們的關係才可以更上一層樓；或者你在公司的工作已經完成，需要放手給你的接班人，他們才可以有成長的機會。這時，你不必繼續拖拉下去，肩負對方應該負的責任，這反而是對對方一種不負責任的行為，在這個時候，放手是一種選擇。

5. 困難 VS 挑戰

「難題」（Problem）：當面對障礙，有困難的事件發生了，會令人不知所措，但如果難題解決了以後，事情便會回復正常。

「挑戰」（Challenge）：當難題和阻礙出現了，你仍然是措手不及，但你視它是一種挑戰，以挑戰者的心態去面對，當阻礙移除了，即使事情未必一定變得更好，但總會從中學習，挑戰是契機，是學習的機會。

「難題」和「挑戰」兩者的分別在於心態。在逆境中，冷酷無情的不幸確實是帶來了無可彌補的損失，但悲劇的背後卻潛藏了學習的機會，帶出改變。每一次挫折失敗都是一種自我超越的過程，幫助打破過往曾經一成不變的真理框框，終結了幼稚和不成熟。每一次挫敗都能磨練人的意志，考驗人的耐性和能力，這都是對人生的「挑戰」。

定型心態的人視眼前的障礙為「難題」，成長心態的人視之為「挑戰」，為什麼很慨歎惡運總是接踵而至，難題總是揮之不去？答案可能就是因為你從未想過在過程中要學習！

6. 堅持 VS 固執

在一次家長講座中，有家長埋怨女兒非常固執，總是不聽他們的話，永遠都是獨斷獨行，自己決定了就不會顧及其他人的感受和意見，不知應該怎麼辦。我未見過她的女兒，不能妄自給予意見，我只是請她思考一下「固執」和「堅持」這兩個名詞有什麼分別。

堅持：理解原因，與及有清晰的目標，然後堅定地去完成一件事；固執：不知原因，而且漫無目標不知道為了什麼，仍堅持去做一件事。

堅持而不固執的人會因應環境的改變而修改風格，甚至可以說得上是百變的，但卻絕不影響他們邁進目標、成就大業的決心。

據說，愛迪生為了要發明電燈泡，進行了九千多次失敗實驗；他為了發明蓄電池，曾經歷五萬多次失敗，最後才能成功。過程中，他有清晰的目標，完全知道自己想要什麼，這是堅持。他的發明影響深遠，他和他的研究團隊總共註冊了一千零九十三項發明專利，幾乎涉及到所有的生活範疇，至今仍未有人打破這個紀錄。

定型心態的人不敢訂立遠大的目標，萬一失敗了如何是好！但他們卻堅持不改變，這是固執；成長心態的人不怕訂

立長遠目標，而且會沿着目標前行，沒有失敗，只有學習，這是堅持。

心態就是習慣的信念和想法，想法會影響慣常用語，我們通過語言把內心的心態信念表達出來。只要找出這字彙上的分野，適當的稍作調整，你會慢慢發現，你正在逐漸地調教自己信念。信念改變了，人生的軌跡也會逐步調整，逐步改變心態。

七種語言轉換方法，有助改變心態

以下是當遇到不同的情境時，不同心態的人會常用的語句，左面的一組是定型心態，右面的一組是成長心態，如果能夠把語言說話轉化，難題未必一定解決不了，以下是培養成長型思維裏，最常見的七種言語轉換情境 [42]。

1. 在學習上遇到阻礙時：

定型心態	成長心態
我學不懂，太難了！我不會！根本沒法理解。	我到底忽略了什麼嗎？只要把我漏掉和忽略了的找出來，不就能搞明白了嗎！

42　Dr. Carol Dweck — Change Your Mindset, Change Your Life, https://www.google. com/search?q=change+your+words+change+your+mind+carol+dweck&ei=HYFCX rSIM9L6QbI34zQDw&start=10&sa=N&ved=2ahUKEwj0iqa1pMnnAhVSfd4KHcgvA_ oQ8tMDegQIDBAx&biw=1280&bih=578

2. 想要放棄的時候：

定型心態	成長心態
我根本做不到！除了放棄，根本沒有其他選擇！我無能為力了！	我可以嘗試其他方法。此路不通，換個方法看看？ 停一停，再看一看，也許有方法解決的。

3. 當犯了錯的時候：

定型心態	成長心態
我犯錯了，沒法挽救了！ 我失敗了！ 我做錯了，我很沮喪！ 天啊，完蛋了！	犯錯是學習過程的一部分。 這次做錯了，以後就知道這麼做是錯的。 不是完蛋，只是還未做到（Not yet）。

4. 當面對困境的時候：

定型心態	成長心態
這太難了，根本做不到！ 這太複雜了，是沒可能完成的。 這太糟糕了，我不可能完成。 這難題太大了，是不可能克服的！	可能需要更多的時間和精力才能搞定。 只要有足夠時間去研究，一切皆有可能。 暫時停一停，想想其他方法。

5. 當與別人比較時：

定型心態	成長心態
我不可能像她一樣聰明。 他比我強，我又能夠怎樣？ 沒辦法了，我真的不如她。	她真的很聰明，到底她是怎麼做的？ 可以學習她的方法，然後認真去做，我也有辦法！ 我也有自己的強項和優勢。

6. 當已經盡了力，但仍未得到結果時：

定型心態	成長心態
我不能做得更好了。 我的能力只能做這麼多！ 這件事這樣就足夠了。 我運動表現不好。	我還能做得更好，要繼續試試！ 我還要看看可以完善的地方。 只要不斷嘗試，肯定還能再提升！ 應該還有進步的空間。

7. 當覺得能力不足時：

定型心態	成長心態
我閱讀不太好。 我沒有這方面的天分。 我不擅長這個。 太難了，我應付不來！ 我已盡了力，不能做得更好了。	我可以訓練閱讀能力。 應該有方法可以做到的！ 我現在做不好，但只要向這個方向努力，會愈來愈擅長的！ 暫時把要求降低一些，會應付得來的。 只要不斷嘗試和努力，還是可以再提高的。

人的潛能是可以不斷發展，難以估計的，透過努力可以發展更多潛能，可以培養更多能力。成功是持續的自我開發，透過努力、思考、策略、行動去學習，會變得更有能力及價值，「努力」等同於「進步」。當面對挑戰、困難挫敗時，即使難題沒法改變，對這事件的看法改變了，下一步就是更廣闊的天空。

兩種厲害的語言利器

1. 尚未做到 Not Yet

Carol Dweck 建議對考試不及格的孩子給予一種新的評分方法，就是 Not yet（尚未達到），而不是 Fail（不合格）。這兩個字有着非常不同的意義。教會孩子運用 Not yet，他們並不是「不合格」，而是未合格，因爲賽事仍在進行，未到達終點，並無需要標籤自己爲失敗者。他們尚有很多進步的空間，學習的大門並沒有關上，下次是可以有機會做得更好。而 Not yet 則意味他們仍然在學習的軌道上，長路漫漫，還有迎頭趕上的機會，還沒有到達終點[43]。

把「絕對」、「必然」的事改變成爲「可以」或者「可能」，把「總是不合格」改爲「尚未合格」，那麼，以較具彈性的心態去面對，留空間給自己，會較容易找到解決的方法，這才更加符合眞實的世界。

---

43 Dweck Carol （2014）."The power of yet". TEDxNorrköping. https://www.youtube.com/watch?v=J-swZaKN2lc.

2. 然後 Then

心理上愈是有彈性的人，就愈容易找到解決的方法，對未來會相對地抱有希望，也更加符合真實的世界，這是一種永無休止的循環。擁抱成長心態的人相信能力是可以發展和提升的。當他們遇到挫折時雖然會失望，但不會容易氣餒。失望和失意其實是一種啟示，提醒他們需要反思，原來他們以往的方法不是最好，可以有更好的，然後再次行動。

當生命遇到樽頸時，不少人會裹足不前，不知道下一步應該如何走，結果就困於現在的囚籠中，更甚者閉鎖自己於過去。如何才能開啟新的道路？我們的建議是：然後，由下一步開始。

下一步？如果能夠看見下一步，就容易看到希望。到底要如何才能聚焦於下一步？ 答案就是問自己：「然後呢（Then）？」

現在的困擾和挫折都是「我還未做到，只是暫時未做到而已」，需要思考一下有沒有其他方法，「然後（Then）」，每一個「然後」都是新的遭遇，學到新的事物，每一天都會比昨天累積多一些，多豐富一些[44]。「然後……得繼續前進，就到了！」

44　Tobias John,（2018）. "The Other Side of Fear: Fostering a Growth Mindset in a Wilderness Setting." Evoke. https://evoketherapy.com/family-resources/blog/john-tobias/the-other-side-of-fear-fostering-a-growth-mindset-in-a-wilderness-setting/

定型心態的人都會先考慮到「如果失敗了怎麼辦?」,事先為自己設下防衛線,因為失敗是很可怕的。而成長心態是保持開放的態度,試圖找出更多選擇,他們看得更加廣闊。改變語句,就可以改變心態。

心態是習慣的信念和想法,而習慣的想法會影響着我們的慣常用語,可以通過語言,把內心的心態信念表達出來。適當時稍作調整,你會慢慢發現,你正在逐漸地調教自己信念,心態和信念改變了,人生也得逐步調整,與其找藉口,不如勇敢改變。

對定型心態的人來說,失敗如影隨形,非常可怕!

方法 6. 持之以恆——
勝利是屬於最能堅持的人

「操千曲而後曉聲，觀千劍而後識器。」《文心雕龍·知音》

筆者小學時讀過一則中國民間故事，名為《陶侃運磚》，陶侃是一位大將軍，是軍隊中的管理階層，基本上是無須每日都辛勞勤練的，而且當國家沒有戰事時，總是閒賦在家。但陶將軍並不甘心就這樣荒廢身心，他見到屋後園子堆着百多塊磚頭於是便在這裏動動腦筋。

每天天亮時，他便起牀，把那百多塊磚頭從園子搬入屋內，在傍晚的時候再一塊一塊的搬回園子去，如者每日都重複的做，從不間斷。其他人問他為什麼要這樣做，他說：「我在這裏與其沒有事情好做，力氣就會衰敗，意志會消沉，我現在每天搬磚，鍛鍊筋骨，磨鍊意志，也正好為未來出力吧！」

對於當時小學生的我，這是一個非常簡單的道理，應該不難實施，但每天搬運磚頭是非常乏味而且看不出任何意義的工作！

自小老師教導我們，要有成就就必須持之以恆，老師卻沒有教導如何才能實踐。畢竟，「勝利是屬於最能堅持的人。」這句話任何人都會說，但老師為什麼不教，因為真的沒有一套放諸四海皆可行的方法，這實在是難於實踐的！

一萬小時法則

到底世界有沒有天才？當然有！不過，這問題等於是問太陽從哪方升起一樣，毫無新意吧？

心理學家 Anders Ericsson 卻不同意世界是有天才的，當然，某些人天生骨骼比較柔軟，適合跳舞；有些人天生對

色彩比較敏感，適合發展藝術。這些天生的優勢只能在開始的時候有用，但要成爲頂尖級的高手，根本與天才已經沒有太大關係，關鍵的方法只有一個，就是持之以恆地刻意練習（Deliberate practice）。

如何刻意練習？ Anders Ericsson 提出了「一萬小時法則」，他花了近四十年時間研究專家如何獲得頂尖技能，成爲世界級高手。他研究過棋藝大師、鋼琴演奏家、芭蕾舞者、拼字比賽冠軍、手工藝匠、奧運選手等。他的結論是：在到達尖峰之前，他們不停練習，每天練習，累積練習最少一萬小時，即大約是十年的時間，眞正「十年磨一劍」，方可以達成頂峰 [45]。作家、詩人、科學家在發表最好的作品前，有超過 10 年的寫作或者研究的經驗，即是說，他們的成就是不斷的經驗累積，最少一萬小時以上，要用心鞭策地練習，沒有幸運，沒有捷徑，只有努力和汗水。

但請你不要誤會，我們不是鼓勵你盲目練習，總之不停亂來十年就必有成就，事實並不是這樣的！Ericsson 提出了除了不斷苦練外，還需要有以下的練習準則：

- 需要有一位老師、教練或者師傅從旁指導和陪伴，指引方向、督促行動、意見回饋和提供改善活動；

45　Ericsson 及 Pool 著，陳繪茹 譯，2019《刻意練習》，方智出版，142-160 頁。

- 有清楚明確的目標；

- 調整心態；

- 刻意練習必須是「刻意」，要全神貫注，有意義地進行；

- 要有挑戰性，難度是持續提高，敢於不斷超越舒適區；

- 需要有準確的意見回饋，根據回饋調整努力方向；

- 不斷調較方向和方法，絕對不能一成不變。

總的來說，要真正做到持之以恆的目標，需要有以下五個條件配合：

1. 認清目標——設定自動導航系統

據的士司機朋友說，駕車最危險的時候是沒有乘客的時候，因為漫無目的，不知道究竟要去哪個方向。

人生何嘗不是？成功及失敗的人本質上是沒有太大分別的，失敗的人不一定是愚蠢，成功的人也不一定特別聰明。為何有人成功，有人失敗呢？因為失敗的人沒有清晰的目標，根本不知道自己想要什麼。定型心態的人往往把自己停在同一位置上，因為最少風險的地方就是站在原地不動，何來動力往前跑？

登山者清楚知道自己的目標是攀上前面那座高峰；馬拉松跑手都清楚知道要在指定時間內到達終點，除了清楚知道

目標在哪裏之外，還需要知道達成目標需要的方法、手段和規則，所需要的知識和能力，知道自己該做什麼，如何做，這是腦內的導航系統，是成功者奮鬥的動力。

2. 提高期望——心想事成效應

以下是兩個很有趣的心理學實驗：

- 將一班背景相同，智商差不多的學生分成兩組，然後對他們的老師説 A 組學生的智商比 B 組學生強得多，請老師因材施教，結果一個學期之後，A 組的成績是比 B 好[46]，但其實兩組學生的資質是完全一樣的。

- 邀請大學生進行一項關於耳機效能的研究，他們分別在用耳機聆聽時，一組學生每當聽完一段社論之後就點頭，另一組則搖頭。其實耳機裏是播放着同一則報紙社論。事後問他們支持或者反對該社論，結果發現，點頭的一組多數同意社論的觀點，而搖頭的一組則多數反對[47]。

這是著名的普馬里翁效應（Pygmalion Effect），也稱心想事成效應。普馬里翁是古希臘傳說中的王子，也是一個雕塑家。他愛上了自己雕刻出來的一個女神像，每天都渴望和這女神談戀愛，天神受感動了，便將這座雕像變成真人，

---

46 Rosenthal & Jacobsen，"Teachers Expectancies: Determinants of Pupils' IQ Gains" Psychological Reports 1970（1）:115-18

47 Brinol and Petty, 2003, "Overt Head Movements and Persuasion: A Self-Validation Analysis", http://www.communicationcache.com/uploads/1/0/8/8/10887248/overt_head_movements_and_persuasion-a_self-validation_analysis.pdf

從此兩人過着幸福快樂的生活。普馬利翁效應是指人心中怎麼想，就會成就什麼；期望什麼，就會得到什麼。

在商業、犯罪學及醫學等範疇亦進行了相當多的類似研究，所得的結論亦一樣：如果認爲自己是可行的，行爲和成果都是正面的，如果相信自己是不行的，結果就會相當不濟，是典型的心想事成。既然是這樣，倒不如把自己的目標提高一點，把自己看高一線，你心想自己是可以得到更多，便有動力推動自己達成更多。

3. 踏出舒適區——偏離熟悉路徑策略

普通的運動員喜歡練習自己早已掌握了的動作，而頂尖運動員則會花時間練習更多高難度的動作，普通運動員純粹是爲了享受運動的過程，而專業運動員則喜歡練習令自己「不舒服」的技巧。什麼是「不舒服」的技巧？即是超越自己的舒適區。

心理學家把人的知識和技能分爲三個區域：

- 最內一層是舒適區，是我們已經熟練掌握的各種技能；
- 最外一層是恐慌區，是我們暫時無法學會的技能；
- 中間一層是學習區，雖然感覺到不舒服，甚至有少少焦慮，但卻能成為學習的動力。

既然舒適區令你感到安全舒服，為何不長期安枕在這區域？舒適區（Comfort zone）這個字是非常誤導的，因為舒適區往往是最危險的區域。試想，如果動物在草原上長期**躲**在同一位置，很容易被掠食者發現，隨時會被吃掉。

只有從舒適區向外踏前一步，雖然是你不太熟悉的地方，會有一點點焦慮和不安，但可以學到更多，進步更多，實際上亦更為安全。

如何跨越舒適區？英國心理治療師 Philippa Perry 提供了以下一個不錯的練習[48]，大家不防參與：

- 步驟一：拿一張白紙，在中間畫一個圓圈，在圓圈的中心寫下讓你毫不費力就能夠自在地完成的工作；

- 步驟二：在這個圓圈的外圍寫下你可以做到，想過要做，但卻又鼓不起勇氣去做的事，因為這些是你覺得費力、緊張和勉強而又有壓力的事，是你感到焦慮的區域；

- 步驟三：再在外圍畫一個圓，寫下你有點想過但完全不敢嘗試的事；

- 步驟四：在紙的四角空白的位置，安靜地想一想，有什麼事情是你想也沒有想過做的，寫下來。

48　Perry Phikippa 著，吳四明譯（2013），《如何維持情緒健康》How to Stay Sane. 人生學校 . 先覺出版社，102 頁。

舒適區是我們最熟悉的環境，做最得心應手的事，然而一旦步出這個領域，就會覺得有壓力，不知所措，其實你可以思考如何擴展出去，做一些你想過要做但又鼓不起勇氣去做的事，這是你的學習區，在不熟識的領域，你可以學習和鍛鍊，雖然會感到力有不足，但不要緊，在這區域內你是有足夠的動機去學習新的東西，擁抱挑戰。

當這已經變成你的自在區時，再嘗試向外擴展到下一個區，那裏原本是你的恐慌區，顧名思義，在這個區域中會感到憂慮，恐懼，不堪重負，甚至是危險的。但你現在可以思考如何去闖，失敗了！沒關係，從失敗中學習，在儲備足夠信心的時候，再去挑戰。逐步擴大自己的自在區域，迎接更大的挑戰，這樣才可以持之以恆。

當孩子每一次突破自己的「舒適區」去學習新知識、迎接新挑戰的時候，大腦中的神經元就會形成新的連結，在腦內另覓溪徑，可以思考更多更廣。成長心態可以引導孩子克服困難，從勇於面對挑戰，激發更多的大腦活動，有助於提高智商。聰明是可以學習得來的，只要敢於跨越自己的舒適區。

4. 向難度挑戰——挑戰與能力吻合

向難度挑戰，是說來容易做時難的事，下列的狀態是很容易出現而使人失去焦距：

挑戰太大、能力太低

當挑戰的難度太高而能力太低時，會產生挫敗、擔心和焦慮的感覺；當難度太大會出現焦慮、挫折，沒有安全感，千斤重擔壓在頭上，使人喘不到氣，糟糕的是，當沒有安全感時，精力會耗掉，很快便會放棄。怎麼辦？

處理的方法是：

- 將難度減低，降低要求；
- 將部分工作下放給更合適的人士；
- 提高自己的能力，參加培訓和不斷學習；
- 學習新的技巧及以應付挑戰

能力很高、挑戰太少

當挑戰太低，但能力綽綽有餘的時候，就會產生沒趣、無聊、厭倦和沉悶的感覺。如果所做的事缺乏挑戰，覺得沉悶而沒有趣味，產生一種毫無警覺的狀態，找不到興奮的感覺。

處理的方法是：

- 專注工作的細節，或者從另一個角度欣賞自己的工作，尋找其中的趣味；
- 提高難度，承擔更多；

- 設定更進取的目標；
- 提高標準，無論是內心或者是外在的標準；

要一位攀山初哥跟隨高手登上萬呎雪嶺，即使有最好的裝備，最佳的領隊，都會感到挫敗和焦慮，這個過程很難會有快樂的感覺；相反，要一位國際級攀山高手挑戰香港郊野公園的家樂徑，這是多麼悶蛋和無聊的事！

如何才能達到挑戰與能力匹配，而且可以不斷進步？心理學家建議是：挑戰比能力略高一點，即是在水平之上運作，一個看得到而又可應付的挑戰是個很大的誘因，去追求更多的能力，這樣便更有動力去將能力提升，更專注於眼前的任務，更願意學習，把整體的水平提高，也是激勵上進的最佳方法。

5. 立即回饋——每人都需要一個教練

> 「古之學者必有師。師者，所以傳道受業解惑也。」
>
> ——韓愈

追求學問的人需要有一位老師，為什麼？因為老師不單傳授知識，更重要的是解答疑難，同時指引方向，這是學習過程中非常重要的一環。無論是什麼年齡，只要是追求知識的地方，就需要有老師。但今時今日，老師不單是站在課堂上教書

的人，而且更以不同的角色出現，是師傅、訓練師、教練、輔導員等等，教練角色更是在新時代飛躍得最快的事業 [49]。

對於登山者來說，他們每向前邁進一步，便清楚知道又再接近目標多一步，他們亦可知道如何調較手法和方向；同時，對於運動員來說，一個動作做得好與不好，最好能夠有一位教練在旁，隨時指出錯誤在哪裏，什麼地方需要改進。教練扮演着相當重要的角色，協助運動員找對目標，計算出最適合的方法，看清方向，協助成長和進步，達到更高、更強、更遠的目標。

老師可以是教練，在終身學習的氣氛下，讓學生學會學習，自發地學習絕對比填鴨般塞滿知識有成效得多，因應學生的能力而發揮其強項，往往比挑剔錯處有成效得多，老師同時擔當教練，量身訂造，從旁陪伴和鼓勵，分析成敗及監督行動，教練是非常有效的工具，使不同類型的學生都可以進步。

父母可以是教練，適時轉換角色，協助子女獨立成長，讓他們有能力振翼高飛。有些時候，父母扮演教練的角色，從旁協助及鼓勵，往往比高高在上的支配者有效得多，關係也能更密切。

擁抱成長心態的人相信，可以透過學習而改變，故此行動

49　陶兆輝、劉遠章，2010《人生教練》，明窗出版社，8-16 頁。

傾向尋找機會和促進改變、不怕失敗、不易放棄，結果是達成增長和進步；固定心態的人相信難以改變，行動傾向逃避、拒絕、拖延、害怕失敗、容易放棄，結果是難以達成目標。

給人生一個「因為」

哲學家尼采有一名句：「當人發現了生存的理由時，他就有能力去承受所有的困苦！」（He who has a why to live for can beer any how.）無論你的人生遭遇多麼大的困苦和劫難，給生命一個「因為」，然後好好地活下去。

就以你為什麼要工作為例子吧：

- 我喜歡我的工作，「因為」它是一份可以賺取金錢報酬的工作（Job），我需要工作，「因為」當每月發薪水的時候，能夠帶着金錢回家，家中老少得以溫飽，妻子可以無後顧之憂地照顧孩子，兒子得以上學念書，老爸老媽過着安定的退休生活……我的工作是很有意義的！

- 我喜歡我的工作，「因為」它是不錯的事業（Career），這工作為我帶來名聲、地位與影響力，在未來會有不錯的晉升機會，可以有自己的房間、秘書、各種的福利津貼……我的工作很有意義！

- 我喜歡我的工作，「因為」它是依據我心中的感召（Calling），「因為」我能夠服務他人，影響到很多不同的人，我對世界有所貢獻……我的工作很有意義！

無論你視工作只是為了薪水、發展前途，還是為了實踐心中的感召，這都是你工作的動力。人應該要追尋有意義的人生，有意義的行為予以更深層的滿足感，如果能夠將自己的「小我」和比自己更大的「大我」連結，按心中的感召而行，這美好的感覺更能持續和長久。「大我」的生活意義是什麼？它包括：宗教、靈性、宇宙、大自然、彰顯人性美善、服務他人等，能夠發現生活的意義，不論大小，活得有意義是全情投入生命的最大動力。

定型心態者的意義往往是源自外來世界的標準，通常是人云亦云，他們甚至找不出內在的動機，漫無目的，當遇到困難考驗時，很容易會放棄。所以清楚知道自己工作意義，為什麼要做這份工作的人，是不會輕言放棄，更加不容易固化，「成長心態」會隨着心中的意義而滋長，更容易達到成功。

每天做好一件分內事

頂尖高手之能持續有一流的表現，除了爐火純青的技術外，最大的秘訣就是天天做好分內事，日復一日，持之以恆，比平常堅持十倍、一百倍，甚至到了冥頑不靈的地步。

村上春樹的跑步人生

村上春樹是一位知名的作家，同時也是非常熱愛跑步的運動健將，他於 1979 年開始全職寫作，創作長篇小說十四本、短篇小說四十八本、多本遊記及散文隨筆，產量之多令人驚嘆，每一本都是膾炙人口的好書。他到底如何能夠保持到如此豐富而多產的創作？

原來他的生活規律得令一般都市人納悶，除了對生活有極端敏感的觀察和想像力之外，就是每天不停的寫，天天做好分內的事。他的生活規律是，每天清晨四點起牀，寫五、六個小時。下午跑步 4 公里或游泳 1500 公尺，接着讀點東西，聽點音樂，晚上 9 時就寢。日復一日維持這種作息，毫無變化。重複本身是重點，經年累月這樣一再重複，寫小說就像是一種生存訓練，體力和藝術敏感度都是不可或缺的[50]。

康德的步行時鐘

18 世紀德哲學家康德（Immanuel Kant）被認為是繼蘇格拉底、柏拉圖之後，西方最具影響力的思想家，他的著作《純粹理性批判》是哲學的不朽之作，但其實這位思想巨人在生活上卻是一個大悶蛋。康德是個大學教授，社會

50　節錄自 Stulberg 及 Magness 著，洪慧芳譯，2019，《一流的人如何保持顛峰》，天下雜誌，第215頁。

地位崇高，但日常生活只做四件事：散步、思考、寫作、講學，而且他講學是出了名非常沉悶。他一輩子都沒有離開過德國東部的家鄉，甚至沒有出過國呢！

他是超級着重生活規律的人，他每天下午都依同一條路線散步，不論晴雨，總會在同一時間出門，步速永遠保持不變，每天都分毫不差，所以鄰居們每看到康德在自己的園子經過，就知道當時的準確時間，鄰居稱這是「康德時間」，甚至比時鐘更準。但有一天，康德出門晚了，鄰居看到他遲了出現，還以為是時鐘壞了，便連忙調整時間。

學習的最高境界

如何才能做到真正的持之以恆？答案可以非常複雜，但亦可以是十分簡單，就是做喜歡的、渴望的、熱忱的、有挑戰性的、有意義的事，然後訂出實際目標，把這些目標變成可達成的步驟，培養出有關的技術能力，然後不停嘗試，不停練習，隨着這條路走，最少一萬小時的鍛鍊，便會成功。

孔子曾說：「知之者，不如好之者；好之者，不如樂之者。」

學習有三種境界，就是「知之」、「好之」和「樂之」。快樂是學習的最高境界，也是最有效率的，而快樂是極艱苦

奮鬥之後所得到的感覺，是運動員把體能和智力發揮到極致時所出現的感覺；是小孩用發抖的小手，將最後一塊積木安放在尖塔頂上的感覺；是畫家在完成他認為最美麗的作品時的感覺。這都是他們最美妙的時刻，就是這種極致的快樂，誘使人能夠持之以恆，達成心願。

十種正向能力

正向的人生

什麼是正向的人生？人生定是有起有跌、成功失敗、快樂悲傷、有時安全，有時卻危機四伏，這是正常的，是不是？

正向的心態絕對不是只自看到事物好的一面，或者把負面的東西扭曲成為正面的事情。因為無論是「正面」抑或「負面」的事情發生，要如何面對是我們的選擇；「+」、「-」兩者之間的平衡相當重要，能使我們選擇用微笑來面對，抱有希望，保持樂觀，相信總會有出路的，這就是正向人生，亦是 SOWGOOD！正向品格教育館的正向信念。

漫漫人生路，傷痛、失望、苦澀、憤怒、失敗等的事情總會突如其來地出現，或許會有人不懂招架，弄至身心都傷痕累累，嚴重的往後更會一蹶不振，對任何事都失去興趣和希望。聽起來也覺得可怕，自然會使人想盡辦法避免，但是有誰可以準確預計這些事情究竟何時發生呢？所以最好的準備，就是能夠自己掌握面對的心態。

學會微笑　生命更美好

　　成長心態能協助我們鍛鍊自身的品格能力，如能從小開始培養孩子運用成長心態，更是他們成長的最佳裝備，讓他們無論面對任何狀況，身處怎樣的環境，都能發揮自身的品格強項，克服困難，增加勇氣，繼續向前邁步。要將成長心態成為一種習慣性的思維模式，可以從日常生活開始，而孩子的生活就是他們每日的學習，在學校、在家中、在社區每一個生活的地方都能成為練習成長心態思維模式的場地。

　　2018 年，聖雅各福群會成立了「SOWGOOD！正向品格教育館」，是香港首間以正向品格為主題的體驗館，目的是鍛鍊兒童成長心態，與及透過不同的體驗活動來鍛鍊他們的品格能力，當中刻意製造失敗經驗，讓他們體驗失敗和成功的滋味，這些都能強化孩子的成長心態，從而更有效發揮自身的正向能力。

十種正向能力

　　美國正向心理學家 Sonja Lyubomirsky 提出，品格（例如感恩、樂觀、正向人際關係……）是與快樂及正向心理互相掛鉤的，這些品格能力鍛鍊得愈多，就愈快樂[51]。所以要推動達致全人發展這目標，除了建造穩固的基礎和支柱之外，培訓孩子有足夠的品格能力（Abilities），也同樣重要。

51　Sonja Lyubomirsky 著，謝明宗譯，《這一生的幸福計劃》，2014，久石文化事業有限欲公司。

成長心態的培養與日常應用

　　我們歸納了以下十種品格能力，是維持正向心態不可缺少的，為了讓兒童容易記住，我們借用了十個果籽作為能力的代名詞，分別是：

1. 創造力（檸檬）：學習掌控環境，創造機會的能力。
2. 正向情緒（蘋果）：愛與被愛的能力，讓情緒成為成長的助力。
3. 堅毅（椰子）：不容易放棄，持之以恆的能力。
4. 專注力（藍莓）：鍛鍊持之以恆，熱誠投入的能力。
5. 察覺力（牛油果）：打開進入自己內心和外在世界的窗口。
6. 連結力（葡萄）：建立同理心文明的社會。
7. 感恩（蜜桃）：播下快樂的種子，感恩是健康快樂的泉源。
8. 樂觀（甜橙）：隨遇而安、樂在其中的能力。
9. 抗逆力（菠蘿）：啟動心理上的免疫系統，不被挫折打倒。
10. 關愛（草莓）：支持與關愛是攸關生存的根本態度和能力。

　　這十種能力幫助孩子當遇上不如意事、甚至是嚴重的打擊時，仍能安然應付。當打擊過後，慢慢復原，回升到事件發生前的狀態。更重要的是領悟到當中的正面意義，更有信心地茁壯成長，培育成更堅強更有生命力的性格[52]。

　　能力（Abilities）這東西很有趣，有的能力是天生的，但絕大部分都是後天培養，不過，無論是天生或者是後天，都

52　Sonja Lyubomirsky 著，謝明宗譯，《這一生的幸福計劃》，2014，久石文化事業有限欲公司，PP. 173-175.

有兩個共通點：

1. 你愈應用得多，就會愈純熟，像運動一樣，練習愈多會
   愈強壯；
2. 如果你不練習和應用，這能力就會自動消失及報廢。

　　所以，請不要看過就算，是需要不斷練習，應用在日常
生活上，這是本書最大的目的。

　　悲觀的人只看到眼前的漆黑，而看不到背後有艷麗的嬌陽。

正向能力 1. 創造力（檸檬）

創造力是生活的必需品

創造力包含一種願意破舊立新，跳出既定框架的動力。有創造力的人能夠勇於行動，建立新事物，甚至成爲與衆不同的人。什麼是創造力？大部分人會立刻聯想到藝術家和科學家吧！可是大多數人都只不過是平凡人，覺得創造力離自己有點遠，更不能生出什麼創意來。

若說有「創造力」是相等於有「創意」的人，這只說明了一部分，另一部分經常被忽略的，是「製造」，即要行動，切實地動手的意思。創造力並非只是一堆天馬行空、無厘頭、不切實際的意念，相反，是需要把過往經驗累積和重組，然後反覆思考，再以前所未有的方法去創出一些新意念。事實上這個過程距離我們很近，甚至每天都在發生。

你有做飯的經驗嗎？負責準備每一頓晚飯，都得絞盡腦汁，家中人數多就更甚，既要做到營養均衡，又要合符各人口味，最好不要重複飯菜。幾經辛苦想好了，到了市場，想買的卻買不到，要不是材料不夠新鮮，就是太貴，結果唯有臨場應變，那樣新鮮超值就買回去，回到家裏，左拼右湊，誰知又是一頓美味的佳餚！

你有改裝家居用品的經驗嗎？前陣子家裏添置了一台電腦，遇着土地問題，家中書桌狹小，放置螢幕及主機後，已沒有足夠空間擺放鍵盤和滑鼠，於是再添置一個層架，上層放螢幕，下層收納鍵盤，要用到的時候才把鍵盤拉出。但每次拉出推入總覺得不便，於是媽媽偷偷地在鍵盤做點「手腳」。她在抽屜裏找到一些用在窗簾軌道上的小滑輪，把四個滑輪黏在鍵盤的四角，鍵盤就能暢順的前後推動了。她說只是就地取材的改裝，筆者視之爲一項發明！

你有腦閉塞的經驗嗎？每當撰寫計劃書、設計活動、處理顧客問題時，都會出現這種情況：別人看起來像是很專注，但自知腦袋就像注滿混凝土般，完全不能運作，明知是在虛度光陰，卻死心不息，妄想會有靈感突襲。既然勉強不來，倒不如把它擱置一會，離開工作枱，外出吃個飯也好，到公園散步也好，到走廊走一下也好，總之找個可以呼吸的空間，讓腦袋暫時停下來，放鬆一下，再回到工作崗位，事情忽然間就想通了。

以上三個例子，在你在我在他身上都會發生，反映出若要更有效發揮創造力，需要的是保持彈性、放棄設定以及尋找空間。接受任何事情在每一刻都能作出改變，不過份堅持在最初的決定，能按實際情況而作出調節或修改。留意生活上的大小事，認識它，然後放棄對它的既有設定，以新的方

法重新演繹；爲自己尋找更多空間，外在空間愈多，腦內的空間愈多，只有騰出空間，才能有新的意念進入，這是留白的重要性。

創造力是可以訓練的，香港中文大學社會科學學院院長趙志裕教授是推動本地學校發展成長心態的靈魂人物，有幸在一次講座中聽到他的分享，談到鍛鍊孩子創造力的方法。他建議家長可以提出兩項或以上風馬牛不相及的東西，例如遊戲機和玻璃杯，然後請孩子聯想成一類物品，例如廚具，或組成一個故事，答案愈多愈好。

在日常生活中，多對孩子提問，你無須給予答案，讓他們自行思考，這是很好鍛鍊創造力的方法。作爲成年人，生活經驗必定比孩子豐富，於是當孩子遇上難題時，急不及待便提供「答案」，這些「答案」對你來說是經驗，但對孩子來說卻是限制。每件事情是要由當事人親身經歷體驗最少一次，才能成爲個人經驗，經驗是學不來的。

作爲成年人須經常提醒自己，孩子是個獨立個體，要靠他自己去不斷嘗試，不斷失敗，從而累積經驗。過程中給予自由讓他們擁有最多的思維空間，給予包容，讓他對事情的結果持有最大的彈性，反覆的提問讓他們習慣以不同角度和方式思考，還要緊記，鼓勵他們付諸行動，才是創造力的鍛鍊過程。

正向能力 2. 正向情緒（蘋果）

刻意製造正向情緒，成爲生命的原動力

快樂、興奮、雀躍、積極、滿足、平靜、自信、主動、欣慰、享受等都被視爲正向情緒。而當正向情緒成爲一種能力時，會使人對事情高度投入，表現出興奮雀躍之情，是能夠把這些正向能量傳播開去，感染他人或營造良好氛圍。

大約三年前，認識了住在同層的 H 小姐。H 小姐是個超級大好人，樂於助人，時常噓寒問暖，因此與她結下緣份。最近得知，她公司因爲生意不景氣而要裁員，她成爲了犧牲品。一開始她很難接受這個事實，畢竟在這公司奉獻了十五、六年的時間，正所謂「無功都有勞」，的確感到失望。好一段日子，她內心充斥着傷心、失望、憤恨等情緒，幸好她接受自己的軟弱，需要時就大哭一場，服藥般每日三次，每次十分鐘。

就這樣，她的情緒慢慢穩定下來。有一天，對她寵愛有加的丈夫對她說：「不要緊，家裏的經濟擔子就交給我，我們倆口子，花不了很多錢。接下來的日子，你就利用所有的精神和時間，做你喜歡的事，做一些令自己感到快樂和滿足的事。」及後，她認眞地想，做些什麼能令自己感到眞正的

快樂？想了半天，都想不出半件事來！原來在這十多年來，每天勞勞碌碌，竟然累積了幾十天的假期，從來沒有支取過！對 H 小姐而言，大概忘記了放假是什麼感覺，更莫說做一些令自己快樂的事。

做些什麼能令自己感到快樂？一覺睡到「自然醒」？躺在沙發不用思索的滑動手機？頭幾天可能令你感到很滿足，很放鬆，但再過幾天，那種滿足感可能就會漸漸消失，因為這些只是替你消除疲勞，但未必可以為你充電，甚至進入忘我的境界。

正向情緒是需要主動累積，而且要經常發生。請在空餘時間，和你的子女一同記低能令自己感到快樂的事情，大大小小的都記錄下來，例如行山、遊車河、與朋友見面聊天、看電影、與毛孩玩耍、在家中放聲高歌、寫作、與家人玩桌上遊戲、烹飪、畫畫⋯⋯然後把這些事情分門別類，哪些能令自己最投入最忘我？哪些事情的快樂能維持最久？哪些較容易做到？哪些要有他人的參與才能做到？久而久之，就會建立一個清單，時常就打開它，看看有什麼事情可以做，不停為自己充電，不斷積累正向情緒。

心理學家 Barbara Fredrickson 從她的研究中指出，正面情緒與負面情緒的比例是三比一（3:1）[53]，即是要經歷三次的快樂，才可抵消一次不愉快經驗。言下之意，若要追求

53　Cleave, G.（2012）. "Positive Psychology — A Practical Guide." Icon Books Centre. P.34.

正向、豐盛的人生，就得努力累積更多的快樂經驗。

　　人生在世，不如意事十常八九，所謂負面的事情，往往來得頻密，不能避免。這麼看來，若不幸心靈受創，那豈不是再多快樂都補不回？天無絕人之路！原來「快樂」講求的是次數多於強度，正向情緒出現得愈頻密，能消除不愉快感的機會愈高。當我們懂得製造愈多的快樂，正向情緒就成為了一種能力，愈能夠感染身邊的人，提升他人對事件的投入程度，推動他人更主動完成項目，增加他人對事物的熱情。製造快樂，百利而無一害，何樂而不為？

正向能力 3. 堅毅力（椰子）

擦出熱情，來燃點堅毅的能力

堅毅，是一種即使處於困難當中，仍然能夠堅持，克服限制，且不易放棄的能力；即使面對着未如理想的狀況，仍懂得忍耐，延遲滿足，你是一個堅毅的人嗎？

多年前，坊間興起學習夏威夷小結他，說是較易「上手」的樂器，於是筆者就去報讀課程，試玩一番。八個星期的課程，差不多每天都拿着小結他練習，手指頭開始長繭，不禁為自己的努力而感到一點驕傲。課程完結後，熱情迅速冷卻，小結他很快就被雪藏，典型的三分鐘熱度。直至近日，在網上瀏覽短片時，一位台灣小男孩演奏小結他的片段吸引了筆者再重燃對它的興趣。短片吸引我的並不是小男孩出神入化的彈奏技巧，而是他在彈奏時的投入和忘我，每首歌都充滿生命力。其實這孩子大有來頭，除了贏得多個音樂比賽冠軍外，更在 2017 年登上《亞洲達人秀》（Asia's Got Talent），為大眾人所認識。

年紀這麼小就能有這麼出眾的技巧，定必是天生的能力吧！非也。這孩子在幼稚園的時候，被老師評定為小手肌肉不協調。於是，爸爸帶他去學夏威夷小結他，希望能夠改善狀況。起初男孩對這樂器並沒什麼興趣，因為他連最基本的

八個音階都學不來，一度近乎要放棄。但他爸爸一直陪伴他，跟他一起練習，從五分鐘，到八分鐘，再到十五分鐘，每天練習，然後就愛上它了。他不僅是喜愛這樂器，而是對這樂器充滿強烈且持續不斷的熱情，即是很喜歡、很喜歡、很喜歡的狀態。

在《恆毅力——人生成功的究極能力》一書中，作者 Angela Duckworth 在「你的恆毅力有多高」中談到：恆毅力比較重視的是耐力（Stamina），而非衝勁（Intensity）；恆毅力是指投入一件你非常在乎的事情，在乎到你願意一直守着它。而恆毅力由兩個部分組成：熱情（Passion）與毅力（Perseverance）[54]。

「熱情」不單是「程度」的強弱，而更是「時間」的長短，亦即是長期不變的投入 （Consistency over time）。對於一項新事物，大部分人都會有高程度的熱情，但當時間長了，熱情就慢慢退減。我們要令自己對事物有長期的熱情，從而鍛鍊恆毅力。而「熱情」這東西不是被動地發現的，而是要主動地培養和創造出來。

爲孩子報讀各式各樣的興趣班並非壞事，重要的是從中讓他找出興趣，然後培養出熱情。那份熱情，是長久的，以年計算，甚至一生所喜愛。當孩子對事情充滿熱情，毅力自然而生，即使面對挫折失敗，因爲很喜歡，所以不願放棄，努力堅持下去。

54　Duckworth, Angela 著 洪慧芳 譯，2016《恆毅力：人生成功的究極能力》，天下雜誌，80-8 頁。

正向能力 4. 專注力（藍莓）

學習專注，讓孩子成爲一個良善的人

專注力是能夠長時間集中於眼前的人或事上，不易受外界干擾。

意大利心理治療師 Piero Ferrucci 在其著作 *The Power of Kindness* 中提到注意力（Attention）是何等重要：不能專注，就沒有仁慈，沒有溫暖，沒有親密關係（No attention, no kindness and also, no warmth, no intimacy.）[55]。想孩子成為一個良善的人，就要好好學習專注。專注把自己帶到現在一刻，把集中力投放在一個人或一件事上，只做當刻自己正在做的事。

在某次家長講座中，談及十種正向品格能力。其中一位家長覺得自己的孩子專注力很低，問到如何訓練孩子的專注力。此時，幾乎所有家長都立刻回過神來，豎起耳朵，聽聽有什麼獨門秘訣。於是我反問家長：「你家孩子什麼時候不專心？」家長回答：「吃飯時不專心！總是走來走去。」、「做家課時不專心！常常東張西望。」、「上課時不專心！經常與同學聊天。」我再問：「那麼他有專注的時候嗎？」在場的家長都異口同聲：「打機、看電視、玩玩具的時候就最專

55. Ferrucci, Piero（2006）. "The Power of kindness : the unexpected benefits of leading a compassionate life." Penguin Random House LLC. pp. 119-131.

心！」對的！每個孩子都有專注能力，只是他們所選擇專注的事物，跟我們希望他們專注的事物不一樣，於是我們就視他們為專注力不足。

反觀自己，在什麼時候最專注？有些人喜歡砌模型，願意花上大半天時間去完成，期間茶飯不思，是專注力的表現。看一齣電影，動輒兩三小時，大部分人都能安坐看畢，亦是專注力的表現。我們能夠專注，是因為對該事件很感興趣，或覺得有意義，才會專注投入。其實我們隨時都可以發揮專注力，只要我們有興趣做某件事。

在職業治療的層面來說，專注力是有不同類別的，包括：集中性、持續性、選擇性、分離性及交替性。家長希望孩子專注於家課上，不被電視、玩具、手機等引誘，要求的是選擇性專注，能夠在一個充滿刺激物的環境下，選擇某一個項目，並忽略其他。不論哪一類別的專注力，說到底，專注就是每次只做一件事。

在物質充裕的時代，愈來愈難集中。有多少人做到專心一意吃一頓飯？有多少人能夠全情投入與人互相傾訴？既然作為大人的我們都未能做到，如何要求孩子們做得到？我們從來只有要求他們專注，卻沒有教他們如何做到專注，反之經常示範何為分心。

專注力同樣是一種能力,是要鍛鍊的。試試跟孩子一同練習,由最常發生及所需時間較短的項目入手,例如刷牙,每天與他們一起刷牙,過程中不用太多的指導,請他把注意力集中在牙刷在牙齒之間輕輕刷洗的感覺,確保每一顆牙齒都有被刷過。與孩子伴讀繪本時,把家裏所有刺激物關掉,包括手機,留下的就只有一本繪本,全神貫注地投入在故事當中,若中途發覺孩子或自己的意念飄走了,緊記把它帶回來,當孩子能一次又一次「把魂魄帶回來」,漸漸就懂得把魂魄留住,久而久之,就能領略到專注的狀態。

正向能力 5. 察覺力（牛油果）

培養察覺力，成爲情緒的主人

察覺力是懂得細心觀察身邊的人、事、物，能夠發現其特質（包括自身），加以發揮；能夠把已有知識加以運用或演繹；懂得自我反思，令自己或事情變得更好。

察覺力可分兩個層面：外在觀察（Observation）和內在醒悟（Awareness）。外在層面的察覺是善用我們的感官，包括視覺、聽覺、嗅覺、味覺及觸覺，去覺察環境的變化，提高對周遭環境變化的敏銳度，結合個人經驗，悟出另一番體會，獲得嶄新的視角，或作出更合適的選擇。內在層面是個人向內觀察，覺察自己的情緒和意念，從而提高自我意識，令自己成爲更良善、更完整和更眞實的自己。前者較容易去理解和訓練，後者則較難掌握和內化。

愈是混亂荒誕的社會，愈是需要心靈的靜土，我們需要的是內在的自我覺察力。近年坊間出現很多有關滋養心靈的渠道，其中一個是靜觀（Mindfulness）。

靜觀這名稱是源自佛教禪修，但整個過程可以跟宗教無關的，它是一個結合冥想及心理治療，能讓個人集中在當下

一刻的過程，不加任何批判地存在於當下，進入一個沒有壓力、不用思考、無須顧慮的狀態，認識最真實的自己。

如果你初次接觸靜觀，相信最難掌握的是如何做到專注。先讓自己靜下來，再閉上眼睛，完全放鬆身體，然後集中在自己的呼吸。此時通常有兩種情況出現，一是不知不覺睡着了，二是完全集中不到。前者不用多說，長期處於緊張和睡眠不足的狀態，身心開始放鬆了，就進入夢鄉；後者大概是因為我們刻意要求自己不要思考，可是，愈是強迫自己不去思考，思緒就不停干擾，弄得自己心急如焚。

筆者一個小小的經驗分享，當有任何意念湧入腦袋時，先不要拒諸門外，反而讓它們安靜的進來，無須分辨這些意念從何而來，亦無須理會它們是好是壞，就讓它們存在，然後溫柔地用一個大泡泡（就是吹泡泡般）包裹着一個個意念，再把它們放在一旁便可。妥善安置它們之後，就返回呼吸的節奏當中。靜觀要做到的是，讓意念、情緒和感覺都以最原本的狀態呈現，然後接受它們的存在。

觀靜並非只適合成年人，很多帶領靜觀的專業導師都建議從小就該學習靜觀。練習靜觀是一個讓孩子了解自己和學習掌控情緒的好方法。家長很多時候遇到孩子鬧脾氣顯得不知所措，一方面知道不能因為他鬧脾氣就處處遷就；另一方

面，卻實在忍受不了在街上眾目睽睽下孩子情緒失控，所以作出妥協，於是令孩子學懂以「鬧脾氣」作爲工具去達到目的。爲此，很多家長希望灌輸孩子一些管理情緒的方法，於是送他們去參加一些情緒管理工作坊。這些課程會先教導孩子認識情緒，再去分辨情緒，然後假設出一些情境，教導孩子在某種情況出現某些情緒時，就應以某些方法去回應。

先不評論方法是否正確，但在學習以上方法前，更應教授孩子接受一切情緒。任何形式的情緒，包括快樂、興奮、滿足、傷心、失望、委屈、緊張………不把情緒分好壞，它就是它（It is what it is）。一位在兒童情緒健康有豐富經驗的教育家 Maureen Healy 在她的得獎著作 *The Emotionally Healthy Child* 中提及，要培養一個擁有健康情緒的孩子，其中一項條件是要不批評任何情緒。她說出情緒和正念（Mindfulness）的關係：「正念的本質是接受悲傷，不帶有批判性，是一種自然而健康的情感（Being with the sadness without judgment and accepting it for what it is - a natural and healthy emotion - is mindfulness）。」正念的核心是專注集中（Paying attention），當孩子能夠集中在當下發生的事情，他就不易被一些過去或將來的事情所困擾 [56]。

讓自己身處當下，有足夠的能力去處理情緒，做到揮灑自如，就是我們所謂的掌控情緒。

---

56. Healy Maureen（2018）. The emotionally healthy child : helping children calm, center, and make smarter choices. New World Library. Pp108-110.

比賽還未完。

正向能力 6. 連結力（葡萄）

連結自我，連結他人，再連結世界的能力

連結力（Connection）可分三個層面：

1. 自我（Self）：與自己的心靈連結。
2. 別人（Others）：與他人連結。
3. 自然（Nature）：與大自然各環境連結 [57]。

　　人類是群居動物，打從離開母體的一刻，就處於一個群體當中，每一個學習，都需要與周遭的人、事、物有所連結。而有效的聆聽是連結自我、他人和大自然的重要方法。

傾聽內心聲音，連結自我（Self）

　　不知道有多少人跟筆者一樣，頗享受一個人獨處的時間，有些人會把「一個人做某些事情」形容為很「毒」，大概是孤獨得很奇怪的意思。或許香港實在太多人，無論去到哪個角落都充滿「人」，家裏亦不例外，於是被迫在任何時候都需要與人相處，久而久之，習慣了，卻忘記了如何與自己相處。

　　若果你覺得一個人就是孤獨，認為孤獨是可怕，那麼你應該未曾聆聽過自己內心的聲音。每個人都有自我對話的能力。靜下來的時候，你會發現，在體內不止一個「自己」，可能有

57　陶兆輝、劉遠章 著 （2016）《正向教練學—正向心理學的人生技法》，明窗，157-170 頁。

兩個，甚至三個不同角度的「自己」。這些「自己」是會跟隨我們的年紀和經驗而有所成長。當遇到一些難題，或一些情緒湧現之時，可先讓自己靜下來，然後與內心的「自己」進行對話，傾聽各個「自己」的聲音。正如一套膾炙人口的動畫《反斗奇兵》第四集裏，巴斯光年說的一句話：「聽聽心裏的聲音。」就是提醒我們，要懂得與內在的自我連結起來。

做個真實的人，真誠地連結他人（Others）

當我們能純熟的與自我連結起來，便能找到最真實的自己。以最真實的自己，不假裝、不抑壓、不勉強地與人相處，身邊出現的必定是真誠的人。中學時期認識的一位好友，在投身社會後，大概受工作圈子的影響，由從前見面都是傾訴心事，到近來分享的都是品味生活的話題，她給予我一種愈走愈遠的感覺。她的朋友算是很多，但真正能夠交心的，又有多少個？常言道：真心的朋友不用多，一個便夠。說的不是重量，而是重質。假如我們能真誠的與人連結，一個也好，一百個也好，都是足夠的。

你常常行山嗎？行山是一項有益身心的活動。有益「身」，因為步行過程中全身運動，如配合呼吸，可鍛鍊肺部，曬曬太陽，又可增強抵抗力；有益「心」，因為身處山上，聽到的再不是城市的聲音，換來的是令人放鬆的鳥聲、風聲、流水聲，看到的再不是石屎森林，換來的是養目的樹木、泥

土、小昆蟲。有些人一試愛上，有些人卻覺不外如是。

行山時，你會很自然的打開五感。當腳踏泥路上，有沒有發現螞蟻剛好橫過？當肩膀擦過樹葉，有沒有發現蝴蝶正好飛過？有沒有細看過樹葉的葉脈，細聽過樹木的心跳，細感過微風的溫度？所謂的「大自然」，並不止於森林原野，其實我們每天都會看到，接觸到。路邊小小的一片草地，草地上有很多小昆蟲在生活；馬路旁一棵棵的大樹，樹上住了很多雀鳥。我們本來就在大自然裏生活，只是我們忘了與它連結起來。當我們能與大自然連結起來，就會發現有很多東西值得欣賞，應該感恩。

感恩上天給予風和日麗的一天，讓我們能與友人出外走走，過程中能夠互相傾訴心事，不知不覺間解開了纏繞已久的心事。周星馳在他的作品中引用戲劇理論大師談及演員的修養應由外到內再到外，在我們每個人的成長則應由內到外再到內，由自我推到他人再到環境，互相連結，使之循環不息。

由今天起，與孩子一同尋找內心的聲音，學習真誠地與人相處，以及善用五感與大自然連結起來。

正向能力 7. 感恩（蜜桃）

感恩是修煉的過程，也是生命不可缺失的能力

感恩不單止是有禮貌而已，更重要的是知足，懂得活在當下，珍惜自己所擁有的；明白得到的好處或幫助並非必然，而且懂得向別人表達感謝之意及自己的感受。

某個回家的晚上，在途中遇見一隻十分可愛的小唐狗，黑溜溜短毛細身，配以摺耳小眼睛，臉上再加幾道皺紋，鍾愛毛孩的我當下喪失理智，立即上前「討摸摸」！期間與兩位主人傾談，互相交流育「兒」心得，説他們的小可愛活潑又頑皮，總是把家裏的東西弄得亂七八糟，而當牠知道主人生氣時，又會裝出一副無辜臉，只要每次使出此「絕招」，總會讓主人心軟了。

身為外人的我，連忙替小可愛説好話：「這麼可愛，怎捨得罵他！實在太喜歡他了！」說着説着，是時候道別了。臨別時，主人向我説了一句：「謝謝你喜歡我們的小狗！」當刻，我停了下來，一時來不及反應，只好笑着説再見。遇上毛小孩逗樂一番算是時常發生，但聽到以上主人的道謝卻是第一次，有點奇怪，奇怪得在腦海不斷重覆着，然後覺悟，這就是「感恩」之情。

經常說「感恩」很難學，更難教。「感恩」是源自一種由心而發的情緒，因為一件事件，首先我們感受到滿足、被愛及欣慰等的情感，然後，我們知道出現這種情緒的原因，最後，懂得以言語，或非言語去表達出來，讓人知道。因此，「感恩」是一連串的過程。「感恩」是要練習的。以下是學習「感恩」的三個步驟：

1. 察覺和感受當下的情緒，例如主人看見有陌生人喜歡自己的小狗，感到開心和欣慰。要把這種感覺記着，甚至讓這感覺運行全身，讓體內每個細胞都感受到這種情緒。

2. 知道原因主人知道，雖然毛孩可愛，但並不代表所有人都會喜歡他。有人會去欣賞並非必然之事，要好好珍惜。

3. 勇於表達，主人用了說話向我表達出他的感恩之情：「謝謝你喜歡我們的小狗！」

「感恩」是會傳染的，而且值得感恩的不止於人和事，更應該包含物件和大自然。不妨多點向你身邊的人，不論是你的孩子、另一半、家人朋友，甚至陌生人，分享你的感恩事件。如要教導孩子如何感恩，可為他們建立一本「感恩存摺」，把以上的步驟記錄起來，文字也好，圖像也好，只要熟練過程，就會發現，要懂得感恩，並不是那麼困難。

正向能力 8. 樂觀（甜橙）

儲蓄足夠的樂觀，對未來抱持希望

「樂觀」是指對未來抱有希望，即使今天面對困境，仍相信總是有方法去解決，當下不如意的事件都總會過去的。樂觀的人，懂得適時地調節自己的思維方式，從困難中看到曙光，找到解決問題的辦法。

2019 年 8 月底《美國國家科學院院刊》（PNAS）中發表了研究報告，發現樂觀程度最高的人，平均壽命比那些很少積極思考的人的壽命長 11%~15%，而且樂觀主義者活到 85 歲甚至 85 歲以上的機率也最大[58]。

英國布里斯托大學社會發展心理學教授 Bruce Hood 也認為，樂觀主義者能夠更好地處理壓力，有可能意味着他們可以更好地應對疾病的感染。原因是壓力可以給人們的免疫系統造成負面影響，能使染色體端粒變短，如果染色體端粒變短會引起細胞衰老，並增加人們罹患心臟病，糖尿病和癌症的風險。他表示，該研究支持了樂觀思維是有益健康的現存證據[59]。

58　HEHO Health & Hope（2019 年 8 月 29 日）：https://heho.com.tw/archives/57304
59　BBC 英倫網（2019 年 8 月 29 日）：https://www.bbc.com/ukchina/trad/49511191

現代人常說「活得健康，吃得健康」，對生活質素的要求不斷提升的同時，有沒有注意到除了健康需要儲蓄，其實樂觀都不是一朝一夕就會出現，而是需要累積的呢？記得有家長曾經說過孩子經常歡天喜地，十個有九個都是樂天小孩，哪需擔心他們會不夠樂觀嗎？

是的，孩子們的樂觀特質是較容易表現出來的。在正向品格教育館內其中一個體驗活動，需要幼稚園學生在特定時間內把成人手掌般大的冰塊溶掉，然後救出被困在冰塊內的一顆木製果籽，這樣就是任務完成。聽起來好像是很容易的事，但在過程中我們沒有提供熱水、風筒、火等能加快溶冰的工具，我們只給他們一些日常用品，例如：洗碗擦、廁紙筒、塑膠掛牆勾……等等。

在任務開始前，工作人員逐一問學生：「你們有沒有信心在這短時間內救出果籽？」幾乎 99% 的學生都回答：「有信心！一定做得到！」孩子們真的如家長所說都是樂觀的，可是當中卻有 1% 的學生會這樣回應：「這些工具都沒用的，救不了。」或許你會認為這些都是個別例子，但為何他會這麼缺乏信心呢？連試都沒有試過就斷言喊出：「救不了！」然後放棄，這是哪裏來的悲觀呢？也許是從他的經驗中，積存了不少挫敗的記憶，於是他推斷是次的結果必定是再次失敗，又或者他覺得是沒有希望成功的，所以乾脆連試都不想試。

從這活動引證出就算孩子普遍都是樂觀，也需要從小替他們保持着這份樂觀心態，否則在他們漫長的成長路上，這份樂觀亦會被日漸消磨，從而遞減。樂觀必須像儲蓄一樣，經過時日的積累才會豐厚。

那要怎樣儲蓄樂觀呢？以下有三個培養樂觀的簡單方法，只要從現在開始做，定能聚沙成塔，積小成多。

1. 畫出個未來

每星期都請孩子寫出或者畫出他們在未來一周內最希望做的事情，然後和他談談這事情為什麼是他期待的？有什麼方法可以實現或者促進它實現？如果實現了心情會如何？

同樣，就以上的提問提出相反的問題，即是：有什麼情況會令它無法實現？如果真的實現不了你的心情會如何？有沒有其他方法可以改變實現不到的狀況？

培養樂觀最有效的方法之一，就是從精神上和心理上作準備，使用這種方法，會讓孩子可以想像到、預見到未來實現目標的希望，發現就算遇到問題都是有辦法得到解決的，增加了克服困難的信心。

2. 樂觀錢罌

樂觀和快樂這兩個特質是相通的，快樂的人通常都比較樂觀。當你每日與孩子交談時，都問問他們：「請告知我今天一件令你快樂的事。」不論是什麼事情，我們需要的是這個過程，就像往錢罌投入錢幣的過程一樣，日復日後，孩子的樂觀錢罌將會裝了滿滿的快樂記憶，同時幫助他塑造出健康的人生觀。

3. 欣賞事物

培養孩子欣賞事物的心態，莫論是好抑或是壞，都是一種練習，以保持大腦的積極思考狀態。實事求是地與孩子討論事情，總結事物的成功和失敗，從中羅列出自己能力的優或缺點，把畏懼變成目標，學會用最大化的樂觀態度思考問題，最後採取行動。

父母送給孩子最珍貴的禮物，不是豐厚的財富，而是面對問題時能保有樂觀態度，使他們擁有足夠的樂觀能量，在面對任何挫折時也有能力安然度過。

每個人都需要一位教練，當你進步成功時，會為你慶祝，當你挫敗受傷時，會安慰你，鼓勵你，為你撫平傷口，增深動力，然後繼續上路。

正向能力 9. 抗逆力（菠蘿）

穿上抗逆盔甲，抵禦四方壓力

抗逆力（Resilence）一字來自拉丁文，是彈性、彈回、有彈性、韌性、恢復的意思，主要是形容物料的特性，今天泛指在面對困難、失敗和挫折時都能積極地回應和面對的人的特質。而在心理學上，是專指受到挑戰、災難和創傷之後的心理復原能力，從逆境之中重回常態，並且從中學習和成長，好像在暴風之後，幸存下來的樹木會變得更加強壯[60]。

筆者曾經接到一位好友的「求救」來電，事緣是她的女兒正是 2020 年應屆文憑試考生，由於當時新冠狀肺炎疫情仍然未見緩和，考期一再延後，身為家長的當然既擔心又不安，最令她更放心不下的是怕女兒要面對多一份準備應考的讀書壓力。她知道自己不能冷靜面對女兒的問題，深怕會演變成母女抱頭痛哭的悲劇場面，於是她請筆者與她女兒詳談。某天下午，我相約了女孩到海濱公園呼吸一下新鮮空氣，順道完成她媽媽委託我的任務。

女孩子表示從小就知道自己不是老師們口中的「叻學生」，不過，由於自知能力不逮，所以每當遇到困難時，便會主動向同學或者老師求助請教；同時也明白自己要比別人學習的時間

---

60 劉遠章、陶兆輝著《正向教練學 Positive Coaching 正向心理學的人生技法》，2016，香港明窗出版社，第 102 頁

多，或者需要更大的努力才可以做到，所以都會預留更多空間給自己，而過程中更會盡力要求自己集中注意力。

她更會常常自勉自己是「龜兔賽跑」的小龜，是終會學成的，只不過慢一點吧！最後她對我說：「緊張、擔心、無奈等等情緒怎會沒有！但自己都經歷過大大小小的考試，這次也不過是其中的一個大考罷，況且現在不是賺多了時間來溫習嗎？萬一失手了，又不是不可以重考的，況且我都試過留級重讀………我頂得住啊！」聽到這裏，我腦裏立即彈出了「菠蘿」拍打自己胸口的樣子，爲何？因爲我們時常說的抗逆力，正正就是這女孩所具備的素質：

1. 當感到困境時懂得適時求助，並知道去哪裏尋求幫助；
2. 在壓力之下，能夠集中注意力並思考；
3. 學會嘲笑自己，看到幽默的一面；
4. 面對困難、壓力、失敗時，很快恢復過來；
5. 能夠説出：「我是一個堅強的人。」

抗逆力是在失敗後反彈復原的能力，要啓動孩子天生已潛藏內心的「恆定」系統[61]，面對認爲不可控制或具挑戰的情況。在日常教養孩子時，不妨多留意自己是否可以做到以下五點[62]，如能做到，那麼日積月累後，孩子便能擁有抗逆力的盔甲：

61　劉遠章、陶兆輝著，2016《正向教練學 Positive Coaching 正向心理學的人生技法》，香港明窗出版社，104 頁

62　劉遠章著，2015《家長教練—爲孩子安裝 8 個生命的快樂軟件》，香港明窗出版社，190-191 頁

1. 停一停，想一想

每逢孩子遇到困難時，請先停一停，想一想，因為當你直接介入處理時，可能問題真的會很快消失，但其實這樣帶來更壞的後果，就是你給了孩子一個錯誤的訊息：「你無法獨自應付！」同時也是阻止了他們學習解決難題。

2. 有要求，須放手

要求孩子做他們有能力做及應該做的事，例如：3-4 歲孩子要懂得自己刷牙及洗臉；5-6 歲的要自己換衣服及穿鞋襪；7-8 歲的要自己整理及收拾書包、書桌等等。以上例子理應都是他們的份內事，你必需要在旁觀察、提供後援以及情緒依靠，但放手讓孩子嘗試，你無須做得太多。

3. 齊分析，學思考

遇到困難或難題時，與孩子一起分析情況，商討方法，也可以適時提供指示，但請不要直接給予答案。

4. 多鼓勵，少批判

既然要求孩子自己處理問題，不要要求太高，他們是有能力想出解決方法的，假如不太偏離原意正軌的話，請不要

過分嚴苛，按部就班的協助他們審視和改善過程，要多加鼓勵，切莫以批判的口吻，以免打擊自信心。

5. 多角度，存彈性

解決問題方法絕對存有彈性，請向孩子示範解決問題並非只有一個方法，以身作則，讓他們明白「條條大路通羅馬」的道理，爲自己提供更多的選擇。

聽完女孩的分享，筆者立即告訴好友不用過分擔心，她的女兒應該具備應有的抗逆力，來面對當下的挑戰和壓力，甚至我替好友深深高興，她已經成功地培育了一個正向的孩子，至於是否能圓滿地解決問題？學習放手，拭目以待。

正向能力 10. 關愛

關愛是指對別人的關心、尊重、愛護和樂於分享，是一種非常要要的品德，也是生存的根本態度。單從字意上來解釋，是不難理解的，不就是關懷與愛護的意思，可是愈是簡單的往往卻愈難掌握。

關愛是由心而發的主動行為，是不能被迫或被驅使而產生，簡單例子如在車廂中讓座，毫無疑問是一種關愛的表現。那麼你可能會想：「關愛真是很容易做到！別人有需要時讓一讓座、扶一扶他、寒喧一句罷了。」的確，但有沒有想過明明這是一種沒有實質回報的給予行為，理應我們會感到不公平、「蝕底」甚或是犧牲了的感覺，但偏偏當我們實踐了關愛行為，獲得的卻是愉悅和滿足，何解呢？

心理學大師佛洛姆（Erich Fromm）認為「給予」就是一種「主動行為」，換言之關愛行為亦是，當中不是為了換取「相等」的報酬，並不是為了接受他人的給予才被驅使的行為。而「給予」是能力的最高表現，只有擁有「能力」的人才有辦法「給予」，但並不必然是為了他人犧牲自己，而是把自己生命中的東西給予出去，可以是喜悅、興趣、關懷、知識等等。在這樣的「給予」中充裕了他人，同時得到了自己生命力的體驗，所以「給予」本身就是極大的喜悅 [63]。

63　佛洛姆，孟祥森譯，（2020）《愛的藝術》，志文出版社，第 43 頁

關愛就是其中一種能喚起他人愛的能力，這不是指用關愛來交換別人關愛，它並不是一場交易。關愛是屬於自己的個人經驗，每個人也只能由自己去做、去實踐，生活中任何時刻都可以實踐出來，需要不斷重複發生，所以關愛是一種需要有耐性去練習的行為，日子久了，才能學會和熟練。亦因此我們會教導孩子從小學習如何去實踐關愛，正是因為這種行為必須經過日積月累而成。

作為家長或者成年人，都需要以身作則，示範真正的關愛，讓孩子對此行為建立正確的概念和認知，那麼我們更有必要知道，實踐關愛行為應具備的四種元素。

1. 專注

關愛行為是需要練習才能學會，在練習時候，專注是必須的條件。舉例：你和孩子一同參與義工服務探訪長者，服務期間你同時不停使用手提電話處理公務，這顯然是不專注的表現，甚至使人感到不受重視、散漫甚至混亂。而關愛行為中的專注，首要意義是聆聽；聆聽他人的需要，聆聽他人所說的話，懂得話語裏面真實的意思，才能在過程中達到練習的效果。

2. 信心

　　信心是以合理的情感活動為根基建立，任何關愛行為如果是不合情理，都難以成為日後再實踐關愛行為的基礎，因為這種信心的根基是屬於自己的經驗，是察覺到自己有一個自我存在。

3. 勇氣

　　需要有敢於踏出去嘗試冒險能力的勇氣，因為實踐是有機會不成功或得到未如所願的結果，所以要有不懼怕的心，把自己的關愛在實踐過程中完全給予出去，哪怕會有被拒絕、被旁人冷眼的情況。有勇氣去面對挫折、失敗甚或遍體鱗傷，當這些都與你期待不符時，你仍能對此行為有信心，這就是一份勇氣。

4. 耐心

　　實踐關愛不能如工作般追求速效，如上文所言，這是一種需要經年累月練習而得來的。就如栽種植物，要有方法和步驟進行，更需要耐心等候種子慢慢成長，過程中要多加注意植物的變化，也要面對枯萎或成長不良的勇氣，當然更需要有信心相信所花的心思是可以結出果實來。如果沒有這種耐心，又怎會等待到收成結果的一天呢 [64]！

　　孩子能否鍛鍊出關愛，首要條件是靠家長或陪伴者如何給予同等的愛。

64　同上，146頁

十種正向能力中哪一個最好？

有一天，手上五隻手指進行了一場辯論，大家互不相讓，到底誰最有價值？

- 大拇指說：「我是代表第一，我代表成功，每次主人讚賞別人的時候，都必定會舉起我，我感到自豪，我必定是最棒的。」
- 食指馬上回應：「我才是最有價值的手指，每當主人要指揮別人辦事時，必定把我當成指揮棒，手指所到之處，充滿了權威。」
- 中指不甘示弱地插嘴說：「我是五隻手指之中最長最搶眼的。」
- 無名指接着說：「主人已經將最重要和最有意義的結婚戒指戴在我的身上，我在主人心目中價值無比！」
- 最細小的尾指說：「我相信自己是最有價值的，因為每次祈禱時，我和神的距離最接近！」

是發展強項，不是改善弱點

正向心理學的始創人 Martin Seligman 及其同事 Christopher Peterson 希望可以找出人格中有哪些特質是可以幫助人們成功和取得快樂，他們試圖回答一條自古以來都令人百思不得其解的難題：「什麼是幸福的生活？」他們試圖用科學化的方法去找尋答案。

他們的假設是：「如果能夠發現自己品格的強項，並且把這特長發揮出來，那種感覺不就是幸福快樂。」

Martin Seligman 強調，在運用自己的優勢強項時，必須要知道它是有以下幾個特性[65]：

1. 世界上沒有完美的人，更加沒有超人，千萬不要要求自己擁有全部二十四種強項，這是沒有可能的，當你發現你擁有其中幾項，這絕對是了不起的發現了；
2. 發展你的強項，而非補救弱項，這是最省時有效的成長策略；
3. 品格是好像肌肉一樣，愈鍛鍊，愈強壯；
4. 做自己最快樂，如果你發現勇敢、創意不是你的強項，而人道和愛才是，那就讓其他人去勇敢、創意吧！你做回自己就可以了。
5. 只能發現，不能灌輸。

---

65. Anna Freij，（2009）"Strengths and Positive Psychology: The Strengths Recipe for Success"．http://positivepsychology.org.uk/strengths-recipe-for-success/

　　誰都知道，這是一場沒有結果的爭論，五隻手指各有長短，各自發揮功能，各有優勢，互相配合又缺一不可，就正如十個正向能力都各自發揮着不同的功能。雖然，不同的人都有不一樣的分量，但每一項都是不可或缺的，當你能發揮它們的優勢，就能令自己成爲一個更有成長心態的人。

不要追求完美，只要做回自己！

總結：與孩子一同鍛鍊「成長心態」

如果要用一句句子去總結本書的全部內容，我們會選用這句話：「好消息，原來心態是可以改變的！」

在本書中我們已經用了數萬字，闡述如何培養兒童和學生的成長心態。但是，作爲已經心智成熟，甚至有人形容是「食古不化」的成年人，這個人可能是你，應如何將定型心態轉化爲成長心態，以下七個方法也許可以幫到你：

1. 不指責，不抱怨，不再是受害者

當你去「抱怨」他人，或者「指責」一些不如意的事情時，你就開始失去對事件的主導權。因爲你歸咎他人，是其他人做得不好連累到你，是環境對你不利，甚至是上天命運作弄而導致壞事情發生，所有事都不由你控制。要是習慣將責任都往外推卸時，意味着我們將掌控能力都一同送走。每當你把事情看成不是自己責任的時候，你就不能作出控制或改變。

定型心態的其中一個特點，就是自覺無法控制，認爲是其他人的不對才導致這樣的結果，自己是受害者，自己什麼都不能改變，於是放棄。所以，必須要時刻保持警覺，不要讓自己掉進這受害者心態的陷阱，把控制權重新掌握在自己的手中，不指責、不抱怨，相信自己有能力令事情改變。

　　筆者絕不是建議你像鴕鳥一樣，遇到困難時把頭栽在地下，或把壞事當成好事，不指控製造壞事的人，而是建議你與其抱怨指責，不如直接面對挑戰，捲起衣袖用行動解決問題。

2. 擁抱挑戰，接受上天給你的試驗

　　你是否願意做一些平時較少做的、或困難的、或害怕的、或令你焦慮的事情？如果你願意擁抱這些挑戰，視這事情只是對你的考驗，考驗過後又是成長的經歷。當年考過會考或者現今的 DSE 試的朋友都會有同感，要過這個關是非常困難的，畢竟，這是人生必須經歷的重大挑戰，但今天回望，都過去了，也不外如是吧！

　　你必須展現出你有擁抱挑戰的勇氣，你的孩子才會有勇氣面對挑戰，你就是最理想的示範對象。

3. 超越舒適，跳出舒適區

　　既然願意擁抱挑戰，下一步便是行動，勇敢地踏出舒適區，切切實實地作出新嘗試，做一些你平常很少做，覺得有少許焦慮的事情，今天就開始做，每天前進一小步，不需要計較成果得失，把注意力都放在過程中。當我們能一次又一次的跳出舒適區，你將會獲得一個又一個成功的機會。

4. 承認無知，是真正學習的開始

承認你對你孩子是一無所知的！因爲當你表現出你對他們無所不知，完全了解他們的需要時，孩子就不再願意與你交談。特別是正值靑春期的年輕人，你們之間已經再沒有話題，他寧願找朋友傾訴，都拒絕與你溝通，是因爲你自認很了解他，很明白他，對他所遇到的事情失去興趣，如果對他所經歷的不再好奇，他就不再願意跟你分享了。承認無知是學習的開始，認淸自己只有貧乏的知識，你才能張開耳朵、擦亮眼睛、淸空腦袋，以謙卑的心、敬畏的態度去思考學習和探索，這才是成長心態的特質。

事實上，你眞的了解他們嗎？很多人甚至連自己都不太了解，又談何了解你的子女！承認對他們一無所知，用謙卑和好奇的心與他們溝通，願意與孩子一同學習，他們才會與你分享溝通。不單只是與孩子，對其他人一樣保持好奇心，令他們時刻有與你分享的動機。

5. 失敗乃人生常事

成功了當然要慶祝一番，但別忘記失敗了也一樣值得慶祝。打破「失敗」是「失去」的概念，「失敗」其實是一種「獲得」，獲得寶貴的經驗後，能提升事件的成功率，絕對是一件值得舉杯慶祝的事！

6. 微笑循環，大腦的獎勵迴路

英國倫敦大學國皇學院做了一個頗殘忍的實驗，在自願試驗者的手臂用刀劃上一道傷口，然後觀察傷口的癒合需要的時間，發現經常臉帶笑容，懷着快樂心情的人，傷口癒合時間比長期缺乏笑容的人快一倍，推論經常微笑能夠提升人的免疫能力，令身體健康。原來要擁有健康的體魄，學會微笑、大笑、甚至傻笑，在不需要任何原因之下都可以笑，是達至身心健康最簡單的法則。

笑不單可以增強心理免疫能力，更可以拓寬眼界，引發一連串的正向心理反應。當人感到歡欣快樂時，會渴望會有更多的快樂時光；當人感到好玩有趣時，會更有動力與世界擴展聯繫，產生「拓展與建立」（Broaden and build）的良性循環。當眼界打開了，就會渴望更多，希望與他人有更緊密的連結，不只會關心自己，還會將焦點放在關懷他人，關心萬物，使胸襟更加寬廣，這些全都是「成長心態」的特質。

7. 凡事感恩，回歸生命的原點

在這困難重重的世代，你能夠生存下來並且活到今天，享有現在的一切，即使仍然離你理想甚遠，但難道這不值得感恩嗎？多珍惜當下所擁有的一切，把握與自己、家人和好友相處的歲月，即使再困難的處境，也能動用成長的心態去面對和化解。

持有成長心態的人，心裏常存感恩，在面對困境時，即使痛苦、悲傷、失落、挫敗……都是難免的，但卻不應該逃避，因爲困難可以帶來成長的機會，使人站得更堅穩，困難是人生必定會經歷的試煉。

附錄 1. 成長心態問與答

問題 1.：我的兒子今年 12 歲，他試過很多次考試不合格，我屢次安慰他說：「失敗不要緊，再試過！」但久而久之，他把這說話當成了藉口。我當然不介意他失敗，但我怕他從此失去了改善的動力，怎麼辦？

答：「失敗不要緊，再試過。」這話意思並不是單單再嘗試，當同一個行為是失敗的，即使重試一百次也同樣不會成功。「失敗不要緊，再試過」意味着要汲取經驗，重新思考，再組織，加以改良，加入新的元素或運用新的方法再試一次，而並非不經思考地重複步驟過程。

以教小朋友煎雞蛋為例，第一次用大火把雞蛋燒焦了，第二次就應調較火力，再試過；但這次調低了火力，久久亦未能把雞蛋煎熟，就要再檢討；第三次除了再調節火力外，亦可參考教學或詢問做法，收集更多資訊後，再試過。過程中必定要經過思考，才會有所改進，「再試過」才有意義，否則只會淪為一句口號，甚至是一個放棄的藉口，只能在未做到的位置徘徊。

問題 2：我女兒今年 7 歲，自小學習彈琴，她明白失敗是不要緊的，總有恆心繼續去嘗試。但有時試過四至五

次都未如理想後，她就開始哭，有時甚至會哭過不停，發脾氣表示不想再試，我應跟孩子說什麼？

答：小朋友遇到挫敗時難免會感到沮喪，情緒低落，鬧情緒在所難免，這是很正常的。很多時候，家長忽視了孩子的情緒，過分用力鞭策，恐怕未見成功你的孩子已精神崩潰。每當孩子出現小情緒時，家長首先是讓孩子安全地宣洩出來，先處理情緒再處理事，讓她知道你接受她，然後，請引導她把她正面對的困難說出來，這時候只須細心聆聽就好，無須加入任何意見，切忌責罵批判。

待她情緒舒緩了後，可引導她想出解決方法，與及下一步的行動。值得留意的是，整個過程中，家長只負責「提問」，目的是令孩子從她的回答中想出改進的方法，以及為自己訂下小目標，才再一次嘗試。

問題 3：現在香港的社會氣氛緊張，又遇上了疫情，有什麼方法和說話能在這種環境下套用成長心態的學說？

答：在 2020 年出現了一場令全世界都暫停下來的疫症，這個病毒傳染性高，令大部份人都陷入恐慌之中。當各人都為生命受到威脅而擔憂時，還有興致談什麼心態成長不成長嗎？

事實是，愈是身處亂世，我們愈需要擁有成長心態。成長心態令我們以平常心接受不如意的事，對事情如何發生存有彈性，對未來抱有希望。疫情的確在各方面影響着每一個人，**躲**不了，避不過，但我們仍得繼續過生活。在這充滿未知與挑戰的時間，我們要多說這兩句說話：「未做到（Not yet）」以及「然後（Then）」。

當遇上難題時，我們很習慣將自己當成受害者，然後覺得事情糟透了，已經沒有轉彎的餘地，這次死定了，沒選擇之下只好放棄。還沒來得及思考，就像反射神經一樣，秒速立論，這是固定心態的思考模式。要脫離這個模式，只要改變一句說話就可以由「做不到（Cannot）」改成「未做到（Not yet）⋯⋯然後（Then）」，前者就像在句子上劃上句號，結束了，已成事實，再沒有補充；後者則是加上逗號，意味着有更多可能性，給予機會，「然後⋯⋯？」是反問句，提供思考空間。以下是一些改寫句子，看看給予你一個什麼感覺？

　　「這是你的性格，改變不到的，不用再嘗試了。」改變語句為：「每個人都有不同的性格，你也不例外⋯⋯現在只是暫時未能改變得到，要努力嘗試⋯⋯然後呢？之後如何？」
　　「我嘗試了很多次都是不成功，注定失敗！」改變語句為：「我嘗試了很多次仍然未成功，我會繼續嘗試，相信總會成功，然後呢？」

你會發現，當把句子改寫後，會給予一種有希望的感覺，不再是死胡同，徒勞無功的感覺。我們不應妄自菲薄，上天給予每個人都有足夠有餘的能力去成長、改變、創造。時刻提醒自己，別過早為自己劃上句號，能力不止於此。

問題4：我知道要為孩子自訂目標，希望他們能夠成功，我也明白過程中必須經歷無數失敗，是非常長遠的，該如何維持長時間的上進動力？

答：「成功」和「失敗」兩者看似誓不兩立，但事實上，他們是可以並存的。我們常常說，要視失敗為常態，從失敗中學習，那麼，是否愈多失敗愈好？緊記，我們不是要鼓勵失敗，或刻意製造失敗，我們只是讓失敗自然地發生，然後接受它。

你有行山的經驗嗎？香港的行山路徑，例如：麥理浩徑的設計很是不錯，每段路分等級，有難有易，有長有短，適合任何年齡人士。每條路線都有標距柱，它告知你的所在地，讓你知道是否跟着原定的路線走。一些合家歡的郊遊徑，途中更設有涼亭、路標、小型古蹟等，其目的除了讓人中途休息之外，亦是途中的小目標。

郊野公園設計者知道如果要市民一次過完成整段路途是非常困難的，所以把它分成多個小段，每段都分設有小

目標，讓人增加踏足的滿足感，讓動力也得以維持。你可以選擇在任何一個地方開始，任何一個地方終結，甚至半路中途，發現自己力有不逮，先中途退出，下次再試過，都是可以的。

行山路徑絕對並非一步登頂，過程中有上有落，攀過崎嶇的碎石路段，就會有一段緩衝的路，接着是大半小時的下山路段，以為到達尾聲，原來隨即開始另一個山坡。經過多次的上上落落，才算完成一次的行山挑戰。

攀上山頂矗立頂峰，固然是令人興奮，但我們總不能一世待在山頂吧！我們總要有下山的時候，到了山腳，又有另一個山頭。「成功」與「失敗」亦是這種關係，兩者同時存在於一個挑戰當中，是正常而且必需的，它們不是互相制衡，而是互相平衡。適量的成功，能帶來動力，適時的失敗，能刺激思考。

在教育理論中「鷹架理論」，說明如何為學生訂立目標才能達致最佳效果。假設目前有二十題數學算式，若我們知道學生有能力在十分鐘之內完成十題，我們可引導他訂下完成十二題的目標，原則是目標要比他的能力高出一點點，只要他願意加強能力，是可達到的，當他成功達到目標，他的能力，自信和動力都隨之提升；但萬

一失敗了，就思考失敗的原因，改變策略之後，準備就緒，再次挑戰。行山如是，學習如是，人生如是。

問題5：我嘗試放手讓孩子自己做，但孩子會出現「求其做」，或結果未如期望，令我感到有點矛盾，不知道應否繼續放手。

答：在詳細解答這條問題之前，首先要區分兩個不同的詞語，就是「放棄」與「放手」。

「放棄」是某事情還沒有完成，就棄之不理，任由事情如何發展亦不再關心，「放手」是已經走過或者完成某個階段，轉用另一個角色或方法繼續下去。先要放下之前的角色或者任務，重新接受任務，或者擔任不同的角色。放手絕對不等於放棄。

例如，女兒步入青春期，以前家長是多用監管、控制和教誨的方法，但現在她已經成長，需要更多自由，而且不滿意於事事都被你管束，這時候，你可能要考慮轉換另一個角色，「放棄」管控，「放手」讓她長大，用朋友的態度去建立互信，由指揮官變成朋友，嘗試了解女兒的喜好，建立共同話題，學習年青人的說話語言。邀請女兒的朋友在家中作客，可認識女兒的朋友圈子的同時，亦讓他們認識自己。外出是可以的，父母向女兒表

達擔心的地方，與她協商一個合理的回家時間，讓彼此建立信心，直至女兒主動與父母分享她的朋友圈子，愛上與父母溝通的時間。

有一些家長在孩子日漸成長，已到了要學習獨立的年紀仍然不肯放手，仍然要呵護備至，事事都要管、每事都限制，恐怕他們會被殘酷社會所吞噬似的，就好像把一隻羽翼豐滿的鳥兒鎖在鳥巢內不准牠高飛一樣。前者會使孩子產生無比的壓力，使他們在挫敗沮喪中成長；後者使正是反叛年齡的孩子將您列在要對抗的名單中，親子關係變成了敵對角力，家庭變成了戰場。

附錄 2.

（本文原載於聖雅各聖群會會訊 2018 年 12 月）

正向品格 播種未來

張瑋珮

(SOWGOOD! 正向品格教育館館長)

學生精神健康問題嚴重，社會品格價值受到衝擊

香港的教育制度側重學習成績，對學生和家長造成巨大壓力。調查顯示，超過三成中小學生具潛在自殺風險，學生受家庭困擾、被父母呼喝等情況，實在令人擔憂。由業界於 2018 年 9 月發表的「中學生抑鬱焦慮狀況調查報告」，發現超過一半中學生出現抑鬱狀況，壓力來自學業困擾及前途問題，可見他們的精神健康問題已經到了極高危狀態。

在忽略品格發展及快樂學習的氛圍之下，品格價值觀呈現了真空，破壞孩子的正向心理發展，本會有見建立學童強健的心態乃社會當務之急，積極填補教育服務縫隙，成立全港首間正向品格教育館，以回應現今社會需要。

SOWGOOD! 正向品格教育館 加強品格教育

幸獲陳廷驊基金會的資助，SOWGOOD! 正向品格教育館於 2018 年 10 月正式投入服務，希望可以與學校及社會各界合作，推動一場正向品格運動（Positive Education

Movement），爲社會帶來正面改變。教育館座落於石水渠街聖雅各福群會總會大樓 10 樓，透過體驗活動讓 3 至 10 歲的學童鍛鍊正向品格的 10 種核心能力，使他們能堅強勇敢地面對生活中的種種困難與挑戰。人生有起有跌，我們希望培養小朋友成爲正向的人，無論是「正面」或者「負面」的事，都可以微笑面對，抱有希望，保持樂觀，以高尚的品格迎接美麗的人生。

本館教育理念之一：正負相承　生命更美好

教育理念之二：培育成長心態（Growth Mindset）

- 訂立目標，跳出舒適區

- 調節心態，我也做得到

- 建立學習群體

- 接受失敗是常態

有賴香港中文大學社會科學院院長趙志裕教授對本館的鼎力支持和指導，使我們更有信心推動新服務。趙教授表示，學習應該是一件令人享受的事情，成長心態（Growth Mindset）正是學生急需裝備的學習心態，而本港學校、家長、教師都需要一個空間，讓孩子親身感受和體驗學習品格是一件輕鬆好玩的事情，透過本館體驗活動來開啟他們的世界觀，是一個非常重要的經驗。

舉例有人希望成為一位數學家，及後願望落空，轉做老師教數學。但是有些人卻無法接受理想就此破滅，意志消沉。擁有成長心態的人遇到挫折時雖然感到失意，亦同時讓他們反思需要新思維來解決困難，藉著解難建立自信，培養出「遇挫不折」的生活態度。他們每天覺得自己能學習新事物，較易活出生命的意義。

反之據研究顯示，一個定型心態 (Fixed Mindset) 的人患上抑鬱症的機會較高，較易有自殺傾向。他們遇到挫折及困難時，容易陷入負面情緒，覺得自己沒有能力，周遭世界是不能改變。本館以成長心態作為重要的服務理念，為小朋友裝備好自己，面對未來的挑戰。

以「果園」爲主題　體驗品格遊歷

SOWGOOD! 正向品格教育館將 10 種正向品格核心能力化身成 10 種果籽，令學童投入學習 10 種正向品格核心能力，包括：

- 專注力（藍莓）：鍛鍊持之以恆，熱誠投入的能力。
- 察覺力（牛油果）：打開進入自己和世界的大門。
- 連結力（葡萄）：建立同理心及文明的社會。
- 創造力（檸檬）：學習掌控環境，創造機會的能力。
- 抗逆力（菠蘿）：啟動心理免疫系統，不被挫折打倒。
- 正向情緒（蘋果）：學會愛與被愛，讓情緒成為成長的助力，不是阻力。
- 感恩（蜜桃）：播下快樂的種子，感恩是健康快樂的泉源。
- 樂觀（甜橙）：常懷希望，隨遇而安、樂在其中的能力。
- 堅毅（椰子）：不容易放棄，持之以恆的能力。
- 關愛（草莓）：支持與關愛是生活（生存）的根本態度。

　　我們相信，每個孩子都有獨特的正向品格核心能力，這 10 個「品格果籽」已經潛藏在孩子的腦中，只需要適當的培育、栽種和鍛鍊，每一個小朋友都可以發展出優秀的品格，

不怕困難擁抱挑戰，活出豐盛及正向的人生。

　　「正向品格，播種未來」— SOWGOOD! 正向品格教育館深信推動一場正向品格運動需要家校社區合作，因此誠意邀請各界熱心人士共同參與並光臨本館，亦歡迎老師和家長接受本館培訓，掌握箇中的技巧，在學校和家中教導孩子，發揮更大的效果。

部門：SOWGOOD! 正向品格教育館

電郵：pec@sjs.org,hk

電話：3974 4671

網頁：https://sowgood.sjs.org.hk

延續閱讀

英語參考書：

- Berne, E.（1964）. Games People Play — The Psychology of Human Relationships, Penguin Books.
- Boniwell, I.（2008）. Positive psychology in a nutshell（2nd Edn）. London. PWBC.
- Buckingham, W（2012）. Happiness - A Practical Guide. Icon Book Ltd.
- Burkeman, Oliver（2012）. The Antidote, Happiness for the People Who Can't Stand Positive Thinking. Vintage.
- Cashdan, S.（2002）. The Witch Must Die — How Fairy Tales Shape Our Lives. Perseus Book. LLG.
- Burkeman Oliver（2011）. Help! How to Become Slightly Happier and Get a Bit More Done. Vintage.
- Carr. A（2011）. Positive Psychology: the science of happiness and human strengths. Routledge.
- Cleave, G.（2012）. Positive Psychology-A practical Guide. Icon Books Centre.
- Covey, S.（1989）. The 7 Habits of Highly Effective People. Simon & Schuster. New York.
- Czikszentmihalyi, M.（2002）. Flow. The Psychology of Happiness: The Classic Work on How to Achieve Happiness. New Edition. Rider House Group, London. Random House.
- Dalai Lama（1999）. The Dalai Lama's Book of Wisdom. Thorsons. New York.
- D. Danner, Snowdon and Friesen, Positive Emotions in Early Life and Longevity: Finding from the Nun Study. Journal of Personality and Social Psychology 80（2001）
- Dilts, R.（2003）. From Coach to Awakener. Meta Publications.
- Dolan P.（2014）. Happiness by Design — Finding Pleasure and Purpose in Everyday Life. Penguin Books.
- Donovan,（2016）. Motivate Yourself — Get the life you want, find purpose and achieve fulfilment. John Wiley & Son Ltd
- Dweck Carol,（2017）Mindset — Changing the Way You Think to Fulfil Your Potential（Updated Edition）. Robinson House.
- Ellis, A.（1973）. Humanistic Psychotherapy: The Rational Remotive Approach. McGraw-Hill, New York.
- Ferrucci, Piero（2006）. The Power of kindness : the unexpected benefits of leading a compassionate life. Penguin Random House LLC.
- Foreman and Pollard.（2011）. CBT A Practical Guide. Clay Ltd UK.
- Fox, E.（2013）. Rainy Brain, Sunny Brain — The New Science of Optimism and Pessimism. Arrow Book.
- Fredrickson, B.（2009）. Positivity. New York. Crown.
- Freud .S.（1920）, A General Introduction to Psychoanalysis, New York: Boni & Liveright.
- Gilbert. D.（2006）. Stumbling on happiness. London. Harper Perennial.
- Ginott, H.（1975）.Teacher and Child: A Book for Parents and Teachers. Avon Books, New York, NY.
- Garratt, G.（2012）. CBT for Work — A Practical Guide Icon Book Centre.
- Hamilton, Christopher（2014）. How to Deal with Adversity. School of Life, Macmillan.

- Healy Maureen（2018）. The emotionally healthy child : helping children calm, center, and make smarter choices. New World Library.
- Holden, R.（1998）. Happiness Now！— Timeless Wisdom for Feeling Good Fast. Hodder & Stoughton, London.
- Langer Ellen,（2014）Mindfulness, 25th Anniversary Edition, A Merloyd Lawrence Book. Da Capo Press
- Law, S.（2002）. The Philosophy Files. Dolphin Paperbacks. The Guernsey Press Co. Ltd.
- Layard, R.（2006）. Happiness — Lessons from a new science. London. Penguin Books.
- Lee and Ricci,（2016）Mindsets for Parents, Strategies to Encourage Growth Mindsets in Kids. Prufrock Press Inc. Waco. Texas.
- Lewis and Lannon.（2000）. A General Theory of Love. Vintage Books, New York.
- Linley, A.（2008）. Average to A+ — Realising strengths in yourself and others. Coventry. CAPP Press.
- Lyubomirsky, S.（2007）. The how of happiness. London. Sphere.
- Morris Desmond.（2002）. People Watching. Vintage
- Nettle, D.（2006）. Happiness — The science behind your smile. Oxford. Oxford University Press.
- Ong, A.D. & Van Dulmen, M.H.M.（2007）. Oxford handbook of methods in positive psychology. Oxford: Oxford University Press.
- Peterson, C.（2006）. A Primer in Positive Psychology. Oxford. Oxford University Press.
- Peterson & Seligman.（2004）. Character strengths and virtues: A handbook and classification. Oxford. Oxford University Press.
- Robinson Ken,（2018）. You Your Child and School — Navigate Your Way to the Best Education, Allen Lane, Penguin Books
- Seligman, M.（2003）. Authentic happiness. London. Nicholas Brealey Publishing.
- Seligman M.（2018）. The Hope of Circuit. Nicholas Brealey Publishing.
- Seligman, Peterson and Maier.（1993）. Learned Helplessness - A Theory for the Age of Personal Control. Oxford University Press, Inc.

中文參考書：

- 羅素，杜若洲 譯（1995）《人類的將來》，新潮文庫，志文出版社
- 羅家倫（1998）《新心生觀》，台灣商務印書館
- Thoreau，藍瓶子文化編譯小組 譯（1999）《心靈散步》，藍瓶子文化出版社
- Hay, L. 黃春華 譯（2001）《創造生命的奇蹟》，生命潛能出版社
- 黃桂林（2001）《活得更精彩─觸動心靈智能的 52 種啟示》，明窗出版社
- 劉遠章、陶兆輝（2001）《啟動創意潛能 - 潛意識創意工程》，明窗出版社
- 李中瑩（2001）《NLP ─幫助人生變得更快樂的學問》，P.E.M.I 出版社
- 向培風（2001）《尋訪愛智國度》，笙易有限公司文化事業部
- Ellis, A，劉小青 譯（2002）《理情行為治療》，張老師文化
- 陶兆輝、劉遠章（2002）《人生教練─ Life Coaching》，明窗出版社
- 李美愛，佟曉莉 譯（2002）《愛的幸福》，二十一世紀出版社
- Ellis, A．劉小青 譯（2002）《理性行為治療》，張老師文化

- 曾文星 （2002）《文化與心理治療》，中文大學出版社
- 林麗珊 （2003）《人生哲學》，三民書局
- 陶兆輝、劉遠章（2004）《我選擇快樂 - 快樂心理學》，明窗出版社
- 瓦西列夫，王永軍 譯（2004）《愛的哲學》，國際文化出版公司
- 傅佩榮 （2005）《哲學與人生》，東方出版社
- 李中瑩 （2006）《重塑心靈 NLP - 一門使人成功快樂的學問》，世界圖書出版有限公司北京公司
- Seligman, M，洪莉 譯（2008）《一生受用的快樂技巧》，遠流出版社
- Egan, G，鐘瑞麗 譯（2009）《助人歷程與技巧 - 有效能的助人者》，新加坡商聖學習亞洲私人有限公司臺北分公司
- 陶兆輝、劉遠章（2009）《盲點心理學 - 看見看不見的智慧》，匯智出被社
- Carnevale，呂嘉寧、吳志祥 譯（2009）《心理諮商箴言 - 給實務工作者的 110 個提醒》，心理出版社
- 鈴木大拙，林宏濤 譯（2009）《鈴木大拙禪學入門》，商周出版
- 陶兆輝、劉遠章，2010《人生教練》，明窗出版社
- 車文博 （2010）《人本主義心理學大師論評》，首都師範大學出版社
- 宋麗玉、施教裕（2010）《優勢觀點 - 社會工作理論質實務》，社會科學文獻出版社
- 黃龍傑（2010）《災難後安心服務》，張老師文化
- 林孟平（2010）《輔導與心理治療》（增訂版），商務印書館（香港）
- 馬斯洛，石磊 編著（2011）《馬斯洛談自我超越》，天津社會科學出版社
- 黃惠惠（2011）《助人的歷程和技巧》（增訂版），張老師文化
- 張春興（2011）《心理學概要》，東華書局
- 劉遠章 文本編輯，廣東省社工師聯合會 主編（2012）《用生命影響生命 - 了解專業社會工作》，中國社會出版社
- Seligman，洪莉 譯（2012）《邁向完滿》，遠流出版公司
- Erikson and Erikson，廣梅芳 譯（2012）《生命週期完成式》，張老師文化
- Perry Phikippa，吳四明 譯（2013）《如何維持情緒健康》How to Stay Sane.
- Lyubomirsky，謝明宗 譯（2014）《這一生的幸福計劃》，久石文化事業有限公司
- Harari，林俊宏 譯（2014）《人類大歷史 - 從野獸到扮演上帝》，遠見天下文化
- 劉遠章（2015）《家長教練 - 為孩子安裝 8 個生命的快樂軟件》，香港明窗出版社
- Fredrickson，蕭瀟 譯（2015）《愛是正能量，不練習，會消失》，台灣橡實文化
- Mischel，陳重亨 譯（2015）《忍耐力 - 其實你比自己想的更有耐力》時報出版社會社
- 陶兆輝、劉遠章（2016）《正向教練學 - 正向心理學的人生技法》，明窗出版社
- William, U，沈維君 譯（2016）《說服自己，就是最聰明的談判力》，時報文化出版社
- Duckworth, Angela，洪慧芳 譯（2016）《恆毅力 Grit》天下雜誌出版
- 蒙田，潘麗珍、王論躍 譯（2016）《蒙田隨筆全集》，臺灣商務印書館股份有限公司
- Luitjen and Siedrist，王榮輝 譯（2016）《Take a Break 30 分鐘高效能：韌性》商周出版
- Vaillant，許怡寧 譯（2018）《哈佛教你幸福一輩子》天下文化．
- Boaler，畢馨云 譯（2018）《成長型數學思維》，臉譜出版社
- Ericsson，陳繪茹 譯（2019）《刻意練習》，方智出版
- Seligman，洪蘭 譯（2020）《真實的快樂》（第三版），遠流出版社
- 佛洛姆，孟祥森 譯（2020）《愛的藝術》，志文出版社

成長心態 Growth Mindset Practice
成長心態的培養與日常應用

成長心態
Growth Mindset Practice
成長心態的培養與日常應用

作　　　者	|	劉遠章、張瑋珮、謝家淇
責任編輯	|	周詩韵、lin
封面及美術設計	|	joe
插　　　圖	|	劉遠章
出　　　版	|	明窗出版社
發　　　行	|	明報出版社有限公司
		香港柴灣嘉業街 18 號
		明報工業中心 A 座 15 樓
電　　　話	|	2595 3215
傳　　　真	|	2898 2646
網　　　址	|	http://books.mingpao.com/
電子郵箱	|	mpp@mingpao.com
版　　　次	|	二〇二〇年七月初版
I S B N	|	978-988-8687-01-5
承　　　印	|	美雅印刷製本有限公司